La Farandole

FSC
www.fsc.org
MIXTE
Papier issu
de sources
responsables
Paper from
responsible sources
FSC® C105338

Suzy Thibaud

La farandole

La farandole de la petite souris Zansu

Correction : Suzy Thibaud

Édition : BoD · Books on Demand, 31 avenue Saint-Rémy, 57600 Forbach, bod@bod.fr
Impression : Libri Plureos GmbH, Friedensallee 273, 22763 Hamburg (Allemagne)

ISBN : 978-2-3225-3924-6
Dépôt légal : juin 2025

Remerciements

Je tiens à remercier particulièrement, les personnes qui ont contribuées à l'élaboration de ce livre soit par la lecture ou la relecture et qui m'ont toujours soutenues dans ce projet qui me tenait beaucoup à cœur ; ces personnes-là se reconnaitront sans aucun doute.

Je remercie tout particulièrement, Clara, ma fille qui m'a offert son aide précieuse pour les photos de couverture et de 4ème de couverture. Je remercie également mon mari Gilles, qui m'a gentiment fait profiter de son talent indéniable de dessinateur pour toutes les illustrations à partir de photos.
Un énorme MERCI aussi à Tanguy pour toute la mise en page du livre qu'il a fait avec grand professionnalisme.

Il est très important pour moi que je n'oublie pas les personnes "authentiques" de ce récit toujours vivantes ou non, certains membres de leur famille que j'ai pu côtoyer, sans qui ce livre n'aurait jamais vu le jour : je les remercie sincèrement de tout mon cœur.

L'empathie est une compréhension empreinte de respect de ce que les autres vivent. Au lieu de proposer de l'empathie, nous avons souvent tendance à donner des conseils, à réconforter, à donner notre avis ou à exposer notre sentiment. L'empathie exige, en revanche, que nous fassions le vide dans notre esprit et que nous écoutions l'autre de tout notre être.
Marshall Rosenberg.

Sommaire

Avant- propos

Je dédie cet ouvrage à Mon Cher Grand-Père, à mes parents, disparus trop tôt.

Je rêvais depuis longtemps d'écrire, je rêvais aussi de travailler un jour auprès des personnes âgées que j'aimais profondément. Peut-être parce que mon grand- père, que j'appelais « Pany » a toujours été très présent dans ma tendre enfance, il m'entourait d'un amour inébranlable, il savait m'écouter, me consoler, il était mon confident, mon héros. Plus tard, je faisais du bénévolat dans une maison de retraite et je m'éprenais d'amitié pour Denise, cette dame si douce, qui semblait avoir tant de choses à dire par son regard profond et si attendrissant. Elle m'embrassait et m'étreignait avec tant d'affection ! Denise m'a dans un premier temps, donné le courage de faire devenir une partie de mon rêve, une réalité, en me lançant dans le métier d'aide à la personne, alors que je n'avais aucune expérience. Ensuite, Denise a été ma source d'inspiration, ma révélation, pour concilier travail et écriture. Elle m'a donné la foi, l'envie de partager avec vous, dans cet ouvrage, mes plus beaux moments de ces sept années passées auprès de ces 28 « personnages » (liste non exhaustive) que j'appréciais sincèrement. La narration sera faite par un petit animal discret : une souris.

Merci chère Denise.

Je suis une petite souris timide et discrète. Je m'appelle Zansu. Alors que je déambulais dans les couloirs de la bibliothèque, cherchant désespérément quelque chose à me mettre sous la dent, j'aperçus cette petite femme qui semblait si désemparée. Je m'approchais doucement
pour ne pas la brusquer et essayai de creuser un peu sur son état qui m'intriguait : « je me suis perdue dans cette immense salle, voulez-vous bien qu'on papote quelque peu ? je me sens seule et vous me semblez triste, pourrions-nous essayer de faire connaissance ? » Elle me regarda, inquiète, puis, tenta de m'expliquer son visible désarroi : « je suis Suzanna, je rêve d'écrire sur mon métier d'auxiliaire de vie que je fais par vocation ; je voudrais tant laisser une trace de cette expérience exceptionnelle que j'ai vécu au côté des personnes âgées, mais je ne sais pas comment m'y prendre et ça me – ronge- » Elle avait employé le juste mot pour parler au rongeur que j'étais ! Cela me mit la puce à l'oreille : moi qui avais passé ma vie à croquer ici et là les feuilles d'un livre : ce fut le déclic. Je ne pus m'empêcher de lui proposer mes services de
narratrice : « - J'adorerai raconter ces petits moments uniques et précieux que tu as vécu , si tu le souhaites, je serai le gardien de ces souvenirs qui te tiennent à cœur ; par mon entremise discrète je capterai avec la plus grande attention les paroles, les attitudes, les expressions en te suivant pas à pas dans toutes les demeures, ce sera une merveilleuse farandole au travers de laquelle je ferai

revivre aux lecteurs , tous ces moments de bonheur partagés, comme s'ils étaient là ; je m'engage à en être le meilleur témoin, fais-moi confiance, d'ailleurs, je viens de réaliser « Zansu », c'est Suzan à l'envers , hein ? C'est un signe non? le prénom de rêve pour mieux m'imprégner de mon personnage de petit rapporteur à ton service, tu n'es pas d'accord ? » Suzanna en resta bouche bée, et devint écarlate, ne sachant que répondre tellement elle était heureuse : « euh, ben oui, allons-y , nous allons faire une équipe de choc, entamons la farandole sans plus
 attendre ! » c' est ainsi que Suzanna et Zansu devinrent les plus grandes complices au monde.
Je vous laisse maintenant en juger en lisant mon récit ...
Mon tout premier travail, fut d'analyser et de comprendre sa motivation ; voici ce que j'en retins. Alors que la plupart du temps les aides à domicile qu'elle côtoyait disaient ne pas supporter le caractère irascible des personnes âgées, Suzanna déclarait haut et fort qu'elle n'avait que des gens adorables dans ses missions. Peut-être tout était-il affaire de compréhension, tout simplement ? Savoir écouter ces personnes qui ont souvent un lourd passé derrières elles et les comprendre. Savoir faire preuve d'empathie à part entière et considérer qu'ils sont tous plein de ressources et qu'ils ont peut-être encore tant à nous apprendre de la vie. Les imaginer quelques années auparavant et ne pas oublier qu'ils ont aussi eu une jeunesse, une famille, une histoire bien à eux. Je crois que là résidait tout le secret de Suzanna pour mener sa mission dans la joie et la bonne humeur. Elle s'est donnée corps et âme pour ces « petits vieux » qui lui ont tant apporté en retour. Elle dit souvent que si l'on n'aime pas les personnes âgées, il ne faut pas exercer ce métier. Dans le cas contraire, tout le monde souffre mutuellement. Mais si, en l'occurrence c'est une vocation, alors les deux parties sont comblées de bonheur.

    Première prestation chez Madame et Monsieur Cabra.

Pour cette toute première prestation, chez Monsieur et Madame Cabra, un couple de Portugais, Suzanna est assez angoissée car c'est un monde encore inconnu pour elle : comment ces gens-là vont-ils l'accueillir, vont-ils être coopérants, indulgents pour une première ? Déjà, elle a un peu de mal à trouver le nom parmi tous les étages de cet immeuble qui s'élève à l'infini et ses innombrables boîtes aux lettres. Ça y est : elle sonne. C'est Monsieur qui répond : « Montez, on vous attend, c'est au 2ème, première porte à droite. » La voix lui semble sympathique. L'accueil l'est tout autant : des embrassades, surtout Madame, comme s'ils connaissaient Suzanna depuis toujours, où bien était-ce plutôt le manque de présence humaine ? En tout cas, le courant passe immédiatement bien entre eux. A peine les étreintes terminées que Monsieur et Madame se lancent en même temps dans un flot de paroles, de questionnements tous azimuts sans même se laisser parler l'un l'autre, sans s'écouter, ni écouter les tentatives de réponses, dans un brouhaha indescriptible et surtout avec des voix très fortes. Cela amuse beaucoup Suzanna qui, dès qu'elle tente d'en placer une se fait assaillir par tout un flux de paroles incompréhensibles, avec de surcroît un accent portugais très prononcé ! Ils lui offrent le café le temps de faire plus ample connaissance. Ils sont si gentils. Suzanna éprouve tant d'affection pour Amélia. C'est une petite femme, toute chétive. Les vicissitudes de la vie lui ont labourés son doux visage. Francisco, lui est plutôt grand, maigre et tordu comme le roseau, fragile et robuste à la fois. Immigrants des années 50, je pense qu'ils ont beaucoup souffert, beaucoup travaillé. Aujourd'hui ils se retrouvent pourtant encore en HLM, habitant avec leur fils, Tomas qui lui travaille encore. Ils sont fatigués, usés, mais d'une gentillesse extrême. Amélia, a le dos vermoulu, et souffre sans jamais se plaindre ; les petits « aye-aye » lorsqu'elle bouge subitement la trahissent... Suzanna lui fait souvent des massages pour la soulager quelques peu et elle apprécie beaucoup. Elle restera travailler chez eux plusieurs mois, puis, sans raison, les prestations cessent. Suzanna se souviens qu'ils avaient évoqué auparavant le fait de vouloir stopper les aides, n'étant pas éligibles pour l'APA, (qui est l'acronyme de Allocations Personnalisée d'Autonomie) certainement du fait que le fils travaille. Elle n'a plus de nouvelles et en est assez triste. Quelques mois plus tard, elle croise par hasard le fils Tomas, dans le métro, qui lui annonce que sa mère, Amélia est décédé le 15 août dernier. Elle qui était si pieuse pour la Vierge, elle s'en est allée le jour de l'Assomption ! Il n'y pas de hasard. Suzanna se montre émue à cette nouvelle d'autant plus dans cet endroit inapproprié et impersonnel qu'est le métro ; elle lit aussi la tristesse sur le visage du fils qui était si proche de sa maman. Elle a juste le temps de lui dire, avant de descendre de la rame qu'elle ne l'oubliera jamais, sa mère. Elle verse quelques larmes dans cette foule compacte et insensible qui ignore sont chagrin.

II.   Prestation le lundi chez Mamie BIGOUDINE

La semaine commence chez Mamie Bigoudine. Cette Mamie très coquette pour ses quatre-vingt-huit ans a pour habitude de se faire laver la tête une fois par semaine chez sa coiffeuse attitrée. Elle en profite régulièrement pour se faire poser quelques bigoudis pour rafraîchir sa coiffure, d'où ce surnom bien représentatif. Suzanna va chez Mamie Bigoudine depuis trois mois et un véritable lien s'est tissé avec cette Mamie qu'elle appelle d'ailleurs par son prénom : Meggie. C'est un privilège exclusif et en retour Mamie Bigoudine la tutoie. Elle lui a même déjà avoué la considérer comme sa fille. Elle a pourtant une fille elle aussi qu'elle ne voit qu'occasionnellement, et un fils qui lui aussi est éloigné du fait de son travail. Mamie Bigoudine souffre beaucoup de solitude et redoute la maison de retraite, aussi, elle déploie toute son énergie pour éviter cette fin qui lui serait fatale, dit-elle... Elle reste autonome et active tant qu'elle le peut et emploie toutes ses forces pour être en forme constamment, et en bonne santé aussi.

Dès que Suzanna arrive son visage s'illumine. Elle l'appelle "ma poule". Cette dénomination renvoie Suzanna à sa plus tendre enfance et décuple son affection pour Mamie Meggie.

Que de fous rires elles auront partagé ensemble : Mamie Meggie a un franc parler qui surprend au premier abord mais cela est si naturel pour elle. Elle est comme ça Mamie Meggie et elle n'entend pas se laisser marcher sur les pieds du haut de ces 88 ans. Hormis le fait qu'elle soit adorable, Suzanna trouve parfois qu'elle est soûlante tant elle parle sans arrêt. Ce jour, avant de partir, Suzanna lui signale juste qu'elle n'a pas très envie d'aller chez la dame suivante car elle la caractérise de sournoise, elle ne parle quasiment pas, elle, contrairement à Mamie Meggie ! Celle-ci lui répond instantanément en riant : - ce n'est pas grave ma chérie, je parle pour deux moi ! Éclat de rire commun. Madame Bigoudine, aime aussi à déployer devant Suzanna ses effets personnels, bijoux, linge, vêtements, non par orgueil, je crois, mais plus par fierté d'une acquisition faite toute au long d'une vie, le fruit d'un dur labeur. Elle en a plein les armoires, ça déborde de partout. Elle montre ce chemisier que sa fille lui a offert, style années soixante, grosses fleurs et gros boutons argentés très kitsch. Elle ne l'a jamais porté. Elle dit, l'air moqueur : -" tu me vois avec ça ? Ils te plaisent ces boutons ? " cela sort tellement du fond du cœur que là aussi un fou rire se déclenche instantanément sans concertation au préalable.

La maison étant à l'étage, en arrivant Suzanna annonce : "je monte, je dois pointer". La voix de Mamie Meggie la suit et se perd, presque inaudible mais, sans répit aucun, elle continue de blablater encore et encore, tout en montant, essoufflée, dans l'escalier en colimaçon. Suzanna a sauté un paragraphe, mais le visage rayonnant de Mamie

Meggie quand elle l'a rejoint en haut, lui fait vite rattraper l'épisode manquant... Je l'ai vue aussi, une fois, vouloir aller aux toilettes et ne pas fermer la porte, gênée, pour ne pas interrompre le flot de paroles. Le passage de l'aspirateur dure également des heures car dès qu'elle le met en route, inévitablement Suzanna doit le débrancher immédiatement pour pouvoir entendre Mamie Meggie qui tente de couvrir le bruit du moteur en augmentant de quelques décibels... Je vois Suzanna qui sourit intérieurement à chaque fois. Le ménage, c'est au ralentit chez Mamie Meggie, mais qu'importe : tout ce que veut cette dernière c'est quelqu'un qui lui donne de l'affection et qui l'écoute. Ça fait au moins quatre fois qu'elle suggère le rangement d'un placard de cuisine ainsi : -"bientôt, on rangera ce placard", toujours au futur. Un jour, Suzanna répond « on peut le faire maintenant, si vous voulez » - sa réponse ? : « mais non ma poule, la prochaine fois, va, » Je surprends l'air amusé de Suzanna à l'idée que Mamie Meggie a un grand talent pour procrastiner et combien elle veut vivre à fond le moment présent.

Mamie Meggie s'informe sur tout, feuillette les magazines du moment. Elle guette le nouveau complément alimentaire qui lui fera garder son tonus et sa vitalité. Elle s'attarde soudain sur cette mannequin filiforme et s'exclame telle une jeunette : ' regarde, ils ne nous montrent que des filles maigres comme un fil de fer ! Comment veux-tu que je devienne comme ça moi ?" c'est dit si naturellement que cela en devient hilarant.

Ce qui la hante aussi c'est de ne pas pouvoir se mouvoir comme elle le souhaiterait, et elle exprime son angoisse ainsi : -" tu sais, j'ai peur de rester coincée, de ne plus pouvoir me relever, j'ai le cul qui me pèse quand je me baisse ! » Ce qui fait sourire Suzanna sous cape bien sûr. Suzanna a souvent droit à un petit café dont elle imagine impatiemment le goût, le temps que Mamie Meggie le mette à couler entre deux syllabes... L'odeur prometteuse *aiguise* ses papilles, souvent durant pendant un long quart d'heure...

Elle lui offre aussi un petit goûter de temps à autre, qu'elles dégustent ensemble, en papotant : un beignet, une glace, - une attention privilégiée - qu'elle ne fait avec aucune autre, lui confie telle. Captivée par ce flot de paroles incessant - haut débit- Suzanna ne voit plus l'heure tourner. Je tente de lui envoyer des petits signaux depuis mon petit trou. Et là, Mamie Meggie dit : - tu dois t'en aller ma poule, tu vas être en retard. Suzanna s'en va, légèrement saoulée, sourire aux lèvres sans omettre d'embrasser Mamie Meggie chaleureusement. Au moins elle fait d'elle une femme heureuse. Elle est si attachante Mamie Meggie. Cela met du baume au cœur.

Dès qu'elle le peut, elle la gâte. Aujourd'hui c'est un morceau de forêt noire qu'elles partagent. Suzanna s'exclame : "hum, c'est trop bon !' et Mamie Meggie de lui rétorquer : « mais qu'est-que tu crois ? Je ne vais pas t'offrir quelque chose de dégueulasse quand même ! C'est normal ma poule. » Éclat de rire commun. Suzanna en partant lui souhaite de passer du bon temps avec sa

fille qui vient lui rendre visite le temps d'un repas. Mamie Meggie s'exclame alors : -" oh là là ! Ça me stresse, je crains toujours de faire quelque chose de travers quand ils sont là. Dès qu'elle me téléphone j'ai la trouille ! " Par ces mots j'entends que sa fille semble toujours vouloir surestimer les capacités de sa mère et qu'elle ne réalise pas toujours qu'elle a tout de même 88 ans. Mamie Meggie dit souvent que sa file la houspille pour faire comme ceci, comme cela, que rien de ce qu'elle fait ne la satisfait.

Je suis là pour témoigner des propos de Suzanna qui en fait sont très généraux du fait d'être une ' intervenante' auprès des personnes âgées ; elle les entend souvent se plaindre de leurs propres enfants. J'appuie sur le fait qu'elle pense, avec justesse, puisqu'elle aussi a encore ses parents, que le rapport "enfants-parents" est totalement différent que celui que l'on a avec des gens de l'extérieur. Apparemment, les enfants voudraient toujours voir leurs parents au mieux de leur forme. Ils les idolâtrent en quelque sorte, occultant sans le vouloir vraiment, toute faiblesse liée à l'âge. Peut-être est-ce là une façon de faire pour ne pas les voir vieillir, les voir diminuer à une vitesse croissante, passé un certain âge ? Bien sûr, tout enfant qui se respecte ne veut pas subir cette réalité de pleine face. Alors il tente de conjurer le sort inéluctable de tout un chacun, en employant des manières et des paroles peu cavalières qui ne sont la plupart du temps pas comprises par la personne concernée mais qui, pourtant devraient être identifiées comme un acte d'amour. Il est vrai qu'il est difficile de voir son ascendant vieillir pour lentement arriver à une fin inéluctable. Cependant cela ne doit pas dispenser de faire preuve d'empathie et de compréhension à l'égard des personnes vieillissantes d'autant plus quand il s'agit de son propre parent. Ils ont juste besoin qu'on les comprenne, pour qu'on soit capable de les respecter. C'est la base. Il faut surtout comprendre qu'ils ne peuvent pas faire les mêmes choses à cinquante ou quatre-vingts ans. Respecter leur rythme est essentiel pour les accompagner en douceur.

Lundi 7 juillet
Mamie Meggie n'est pas très en forme ce matin. Suzanna lui demande par politesse comment ça s'est passé avec sa fille. Réponse accompagnée d'un rire aux éclats :
« penses-tu ! : aussitôt arrivée, aussitôt repartie ! du vent, c'est tout. En plus j'ai trop mangé et maintenant je ne suis

pas bien. Quand elle vient elle me force à manger, et je n'ose pas lui refuser de peur de la contrarier ». Puis elle enchaîne, sur un ton un peu enjôleur, comme pour se disculper d'avoir critiqué sa fille, : " - l'autre jour tu m'en a fait une, toi : Comme tu m'as dit que tu as passé l'aspirateur sous le lit, j'ai compris que c'était toi la fautive : « Tu m'avais débranché la lampe de chevet en tirant sur le fil. J'ai dû me mettre à plat ventre. Mais ce n'est pas grave va, ma poule ! Elle rajoute en riant : « tu ne pourras pas dire qu'elle n'est pas souple la Mamie ! " elle est vraiment trop chou cette Mamie. Suzanna est confuse de lui avoir fait faire une séance de gymnastique sans le vouloir !

Jeudi 10 juillet : petite anecdote comique, mais seulement par la façon dont elle est racontée. Elle décrit la

scène : « hier, alors que je fermais mon portail, j'ai senti un regard insistant sur moi par un père et ses deux fils, légèrement "colorés" si tu vois ce que je veux dire... Ils m'ont dépassée sans rien dire et trois mètres plus loin le plus jeune des garçons se met à pisser contre le volet électrique du voisin. » Je vous rappelle qu'on est en plein centre- ville et, en plein jour. Elle est scandalisée et on peut la comprendre. Elle continue : « ça s'est mis à dégouliner sous mes pieds, "putain " ! » Si je n'avais pas été là, il aurait fait contre mon portail, Merde ! Suzanna s'imagine si bien la scène qu'elle éclate de rire mais pas sur le fond de la chose qui reste grave quand même. Car mamie Meggie ne peut s'empêcher de dire tout haut avec justesse d'ailleurs, je cite : - mais c'est comme ça qu'on élève ses enfants ? On ne peut pas leur donner l'exemple aux enfants tout de même ? - elle obtient en retour un geste déplacé de la part du père, que je vous laisse imaginer aisément ... Suzanna ne peut s'empêcher de lui dire - faites attention quand même, vous pouvez vous faire agresser. - Ce à quoi elle répond du tac au tac - " je suis comme ça moi, il faut que ça sorte, je dis ce que je pense. " Et Merde ! »

Mardi 15 juillet

Ce matin elle est plus que rigolote Mamie Meggie : qu'elle tchatche elle a ! Elle débite ces phrases une à une : - pour me donner de la "sanguette" je me suis acheté du boudin de viande et du bon jambon de l'Aveyron. Regarde : Et elle déballe lentement son paquet bien ficelé pour le montrer à Suzanna puis le remballe minutieusement en lui disant : -" tu vois, je me paye que du luxe, que du maigre ! Puis elle continue : " l'autre jour j'ai acheté des pâtes fraîches, quatre-vingt-huit centimes ! Et j'en ai eu pour trois repas, : tu vois que je me soigne ! Suzanna lui demande si elle aime les oignons. Elle répond avec une mine dégoûtée : « les oignons ? Je les déteste ! Tu sais pourquoi ? Ma grand-mère nous faisait des cataplasmes et nous les accrochait aux pieds. J'ai cette image qui me revient et j'ai l'impression de sentir l'odeur de ces putains d'oignons dès que je les vois. Les mimiques accompagnent ce descriptif que je vous laisse imaginer. Je suis écroulé de rire depuis mon trou de souris. Tout d'un coup Suzanna éternue et elle lui dit le rituel -" à tes souhaits" auquel Suzanna répond simplement "merci". Elle semble attendre une autre réponse et dit - " tu sais ce qu'on répond d'ordinaire ? Que les vôtres se réalisent ! Puis elle rajoute avec un ton un peu narquois "- tu sais que j'en ai un wagon avec remorque moi, de souhaits ! "
Alors que Suzanna sort des toilettes elle attrape furtivement l'aérosol désodorisant et le pulvérise d'un coup sec au-dessus de la tête de cette dernière qui lance dans un éclat de rire -" mais qu'est-ce que vous faites Mamie Meggie ? " elle réponds en riant tout autant : « - ça, c'est

pour ta mise en plis ! Tu pourras dire au moins que je te faisais rire quand je ne serai plus là ! »

Suzanna a dû s'absenter plusieurs jours pour raison familiale et arrive en avion un dimanche, vers midi. Sachant que personne ne l'attend, l'idée lui vient d'aller voir si Mamie Bigoudine va bien et de lui pousser une petite visite. Meggie ouvre la porte, un immense sourire aux lèvres. « Tu égayes mon dimanche, on va partager le repas. » Bien sûr ce n'était pas calculé, mais elle voit que Meggie est si heureuse qu'elle ne s'aurait refuser. Meggie de dire « ça tombe bien, j'ai acheté deux noix de Saint Jacques fraîches, on va les partager ». Ah ! Le goût de cette unique bouchée sera à jamais inoubliable, malgré l'infime quantité, quelle saveur ce moment de partage. Suzanna se sent nourrie de bonheur. Idem pour la part minuscule de mille-feuilles qu'elle savoure délicatement. Suzanna est comblée d'avoir fait sa B.A. Bien sûr, sa boîte n'en saura rien, ni la fille de Meggie d'ailleurs car bien évidemment cela n'est aucunement autorisé.

Jeudi 16 juillet

Journée très chaude aujourd'hui : trente-cinq degrés. Chez Mamie Meggie il fait bon, les contre vents sont fermés et elle est dans une obscurité presque totale. Quand elle arrive Suzanna lui dit : "- mais vous êtes dans le noir ! " Mamie Meggie répond "- je vis comme une taupe moi ! Suzanna entame son travail dans la bonne humeur, sourire aux lèvres. Meggie se met ensuite à lui parler de l'aide-ménagère qui venait précédemment chez elle. Elle se lâche. Elle emploie le terme "l'autre". Assez péjoratif, semble-t-il. Je cite :" j'en ai vu de toutes les couleurs avec elle, tu sais. Elle avait toujours un pet de travers, quelque chose qui n'allait pas. C'était une poule blanche. Suzanna, interloquée, lui demande ce qu'elle veut dire. " Eh bé : Une poule blanche, quand elle a pas mal au cul, elle a mal à la hanche !" Après un regard croisé quelque peu dubitatif : éclats de rires. Puis elle raconte que cette personne,

- l'autre -, qui travaillait depuis trois ans chez elle est partie du jour au lendemain sans même lui dire quoique ce soit. Mamie Meggie semble outrée. Où est le respect dans tout ça ? Où est le savoir vivre ? Elle n'a jamais plus eu de nouvelles de cette fille.

Entre deux coups de balais Mamie Meggie est heureuse de lui déballer ses plus beaux vêtements, qu'elle essaye d'ailleurs devant Suzanna en se dandinant, fière, comme pour un défilé de mode, puis, ce sont les bijoux qu'elle étale sur la table tels des trophées bien gardés et bien qu'elle les ai vu déjà plusieurs fois, Suzanna se fait le devoir de la complimenter sur sa collection. Elle passe ensuite en revue l'électro- ménager et sort de sa boîte un fer à repasser qui n'a jamais servi, un robot hachoir qui n'a guère servi davantage, et elle déclare à l'aise, un petit sourire en coin aux lèvres : - tout ce que m'achète ma fille,

putain, je ne m'en sers jamais ! " et, de ça aussi elle en a tout un wagon, croyez-moi, un wagon dont la plupart des choses seront destinées à la poubelle j'en suis sûr. Elle a des placards qui regorgent de tout. Mais c'est comme ça, comme chez la plupart des vieilles personnes qui entassent, qui entassent, et qui n'utilisent les choses neuves que lorsque les anciennes sont usées jusqu'à la corde, rétamées, en quelque sorte... Elle affirme qu'elle préfère se choisir ses affaires elle-même. Elle dit à propos du hachoir qu'elle a reçu comme cadeau de Noël : « si tu crois que je vais le sortir pour quatre grammes de viande pour avoir trois heures de plonge après ! » Elle a un sens très pratique Meggie et très conservateur aussi. Je suis mort de rire dans mon trou.

Meggie s'affuble aussi tous les matins de sa veille robe de chambre, très usée, alors que sa fille lui en a offert une dernièrement et qui est toujours dans son emballage. Elle déclare : « je la garde pour les jours de sortie. », comprenez donc « jamais ! »
Suzanna ayant été absente pour deux semaines, mamie Meggie lui dit en la revoyant : « si tu savais comment j'ai pensé à toi ma poule ! »

Lundi 1er septembre
Mamie Bigoudine rentre de quelques jours passés chez sa fille. Elle est contente, elle se met tout à coup à décrire la scène qu'elle vit chaque fois dans la gare, avec toutes les angoisses que cela lui procure. Un vrai sketch avec les gestes. Suzanna est écroulée de rire une fois de plus. Elle se décrit, le billet dans une main, la valise à roulettes dans l'autre essayant de repérer le wagon de sa réservation sur un train d'un kilomètre de long. Déjà pour une personne moins âgée c'est angoissant, alors, imaginons pour quelqu'un de presque quatre-vingt-dix ans ! D'ailleurs elle dit : -" mais ils ne se rendent pas compte : Ils me foutent au train, et après "démerde toi Meggie ! Si ce n'était pas pour mes petits-enfants, je ne le ferais pas, tu sais, ça me crève   !   "
En effet je crois qu'on est loin de s'imaginer ce que représente un tel périple de presque quatre cents kilomètres sur seulement quatre jours, pour une femme de cet âge ! Mais elle est courageuse Meggie et elle assume et assure malgré tout. Je lui tire mon chapeau. Le lundi matin, elle est si heureuse de retrouver Suzanna. Elle a acheté spécialement pour elle, pas une, mais deux sortes de gâteaux. Elle lui dit -" lequel tu veux ? Aller, choisis, après je te fais le café ». Suzanna gênée lui répond : - je le boirai plus tard le café, cela dans le but de raccourcir le

temps de pause. Réponse : -" ne m'emmerde pas, hé ! Assieds-toi, c'est moi qui commande. " Tout à coup je ne sais plus comment vient un sujet sur la mort, différents procédés de conservation des corps. Elle dit très naturellement -" les momies que l'on a embaumées, quand on les retrouve tant d'années après, ça ne doit pas être beau à voir, y doit pas y avoir de quoi faire un pot au feu! " Suzanna ne peut s'empêcher de rire aux éclats. Elle est certainement inspirée par les romans de l'écrivain Égyptologue Christian Jacq dont elle possède tous les tomes sur ses étagères. Elle est vraiment géniale cette mamie : la tête sur les épaules et pleine d'humour. Même quand elle évoque des sujets plus graves quant à son propre avenir, elle arrive encore à rire tout en restant dans la lucidité. Je cite : -" moi, que mes enfants viennent me donner à bouffer et me torcher le cul, ça je ne veux pas. Il n'en est pas question ! ".

Mardi 31 septembre
Aujourd'hui Meggie a un entrain hors du commun. Dès que Suzanna arrive, elle lance la machine à café, tout en regardant un magazine posé sur la table. Le café coule... Elle se met soudainement à rire en voyant une publicité pour une crème anti-rides dans laquelle Ninon de L'Enclos vante les mérites de cette crème pour éviter les peaux d'oranges. Elle est resplendissante cette Ninon. Le café a cessé de couler... Meggie s'exclame : « ah, oui ! Mais il y a longtemps qu'elle doit manger les pissenlits par la racine celle- là, tu crois pas ? » Quel fou rire ! Enfin, elle retire la tasse de café de la machine et la donne à Suzanna. Cette dernière fait une grimace en trempant ses lèvres dedans car bien évidemment le café est quasi froid. Meggie, surprise, ayant totalement fait abstraction du temps de sa

blague, lui dit laconiquement « - tu es une couillette, fallait me le demander avant le café. » Elle est drôle Meggie !

Lundi 13 octobre
Suzanna revient après presque deux semaines d'absence : mamie Meggie dit naturellement : -" tu m'as manquée, je me suis ennuyée de toi. ". Elle est trop mignonne. Pour fêter son retour, elle l'invite à déjeuner avec elle. Les prémices sont aussi alléchantes que son repas. Elle montre avec fierté les provisions qu'elle a choisies avec amour pour recevoir son hôte privilégié. Elle déballe les morceaux de fromage emballés avec soin, elle a fait mariner à l'huile d'olive les darnes de poisson frais acheté au marché ce matin, elle lui coupe une tranche de pain brioché pour lui faire goûter. Elle est vraiment au petit soin de Suzanna et celle-ci en est tout émue. Elle ne cesse de dire Merci. Meggie répond : - ne me remercie pas ma poule, c'est naturel avec toi ! " . Elle est si mignonne avec son petit tablier orné de grosses marguerites justement, à s'activer autour du fourneau. Elles se régalent, ensemble, autant du repas préparé avec amour que de ce grand moment de partage. Ces deux heures s'envolent, mais resteront à jamais dans leurs cœurs c'est certain. Du pur bonheur. Lorsqu'elle s'en va, Suzanna culpabilise presque, se sent mal de la laisser seule à nouveau.

Vendredi 24 octobre
Mamie Meggie est un peu excitée car sa fille vient pour le week-end. Elle dit à nouveau – je cite : -" avec eux je peux rien faire, il faut pas que je sorte quand il gèle, et fais pas ci et fais pas ça ! Pire qu'à un gosse couillon ! Mais ils veulent me mettre dans du coton ou quoi ? À Merde alors ! Ils n'ont qu'à me mettre dans la caisse, ils seront

tranquilles. " bien sûr cela porte à sourire sur le moment, mais en fait on voit bien la suggestion du conditionnement humain de manière inconsciente ou non, commençant dès la plus tendre enfance, et se retrouvant ensuite inéluctablement dans une tranche d'âge plus avancée, mais avec les rôles inversés. En fait, les enfants font tout pour empêcher leurs aînés de rester autonome, sans doute inconsciemment, et cela uniquement pour assouvir leurs propres peurs : c'est grave ! Voilà l'exemple de mamie Meggie qui a une volonté d'acier pour pouvoir rester dans sa maison le plus longtemps possible et à qui on ne cesse d'asséner des propos négatifs qui la freinent dans ses élans de vitalité ! Je conçois toutefois que toutes les personnes âgées ne soient pas égales sur le plan physique ou psychique mais quand bien même, cessons de les materner de la sorte en les rendant chaque jours un peu plus dépendants et fragiles. Ça va déjà assez vite la décrépitude ! Sachons reconnaître qu'ils ne sont pas tous identiques, et laissons-leur la possibilité d'exprimer et de décupler cette énergie débordante qui les habite et qui leur est salutaire.

Lundi 26 octobre
Quand elle arrive Suzanna comprend très vite la détresse de Mamie Meggie en voyant ses grimaces qui en disent long, dans le couloir, avant qu'elle n'entre dans le séjour rejoindre ses enfants. Elle rencontre enfin la fille de madame Bigoudine. Brève rencontre pourrais-je dire : en quelques minutes la situation est bien résumée et Suzanna voit vite à qui elle a à faire. Sa propre mère qualifiait ce genre de personnes de « dragon ». Petit sourire intérieur... Suzanna sent comme un léger malaise et n'est pas très à l'aise non plus, c'est une personne grande, froide, peu souriante, au regard quelque peu austère.

Trois jours après Mamie Meggie est excédée et se lâche, je cite, -" tu sais, ça s'est très mal passé avec ma fille. J'ai cru qu'elle foutait le camp définitivement. Elle bondit, elle ne sait pas me parler sans aboyer. J'ai cru devenir folle. Elle me donne des ordres. J'ai l'impression d'être une gamine à l'école, c'est insupportable ! Et moi je ne dis rien pour pas me fâcher, pour avoir la paix. Je suis dégoûtée." Suzanna à envie de savoir si sa fille lui a dit quelque chose sur elle et la réponse confirme bien son ressenti : - non, Rien, rien du tout. Oh, mais tu sais, je sais lire entre les lignes : « il ne faut pas mélanger les torchons et les serviettes ! Elle n'aime pas que je te tutoie. Mais c'est mon problème non ? Qu'est-ce que tu crois ? Ça ne la regarde pas, si j'en ai envie, Merde à la fin ! »

Suzanna compati sans mot dire, elle sait que Meggie est une femme qui a beaucoup souffert et s'est aussi sacrifié pour ses enfants. Meggie ajoute : - c'est une vie ça ? Tout ça pour en arriver là ! Il me reste quoi moi ? Quatre planches et des clous. " . Suzanna acquiesce timidement. Elle lui laisse exprimer son désarroi puis tente de faire diversion en la complimentant sur son nouveau maquillage : -" viens voir, je me suis fait peur devant le miroir, alors je me suis acheté un anticerne. Viens voir, pose ton éponge, regarde. " Toutes deux retrouvent alors leur légèreté habituelle devant sa nouvelle acquisition qui lui est bénéfique tant physiquement que pour son moral.

Aujourd'hui, nous faisons le lit, et j'adore capter ce moment hilarant de complicité depuis ma cachette... Meggie avertit Suzanna en premier lieu :« tu sais je suis une emmerdeuse moi, je fais mon lit au carré comme un soldat ! »

Je les observe et je suis mort de rire. Suzanna remonte le drap, rayures bien ajustées au millimètre près, mais ce n'est jamais parfait : Les motifs doivent tous être alignés, rien ne doit dépasser, rien n'est laissé au hasard, avec

Meggie. Suzanna s'impatiente et lance pour détendre l'atmosphère : « mais il vous faudrait un
 cordeau ! » Meggie ne l'entend pas de cette oreille et répond médusée : « t'inquiètes, je le sors dès que tu es parti et j'inspecte tout ! » Rien ne la perturbe cette manie !

Lundi 3 novembre
Mamie Meggie a besoin de parler ce matin. Elle fait un café à Suzanna et lui offre un beignet aux pommes en
disant : - " je les ai achetés au marché pour toi ma chérie, je sais que tu les aimes." Puis elle sort tout un tas de photos que Suzanna regarde avec plaisir tant elle voit qu'elle est fière de les lui montrer un morceau de son passé. Gênée, Suzanna dit en riant : -" si votre fille nous voyait ! " réponse laconique de. Meggie :" mais je l'emmerde ! Ce n'est pas elle qui te paie, alors, quoi ? " . Suzanna rajoute en partant d'un ton moqueur : - " on n'a pas beaucoup travaillé aujourd'hui, Réponse : -" eh bé, je ne te reproche rien moi, non ? On s'est fait plaisir, c'est tout ! " . On sent bien que ce long week-end de solitude à créé un besoin de compagnie, d'écoute, de partage. Et c'est dans ces moments que Suzanna se sent utile et par ce biais, heureuse de pouvoir apporter un peu de réconfort. Au diable les balais, les brosses et les serpillères...

Lundi 10 novembre
En ce moment, et ce depuis que Madame Bigoudine a revu sa fille, Suzanna trouve qu'elle est une peu sur les nerfs. Elle cherche tout, déplace les objets, se plaint constamment des factures à payer etc... Elle dit même qu'elle en a marre, chose rarissime en principe, chez elle, et en plus se répète sans cesse. Dur pour un lundi matin. Elle dit, je cite : " ma fille, elle me prend pour un âne, je me

demande parfois si elle sait que je suis née avant elle ? Je n'en peux plus moi."
Quoi dire à cela ? Quand elle n'est pas bien, elle parle alors de ses biens. Elle est très claire dans sa tête à propos de son avenir : (je cite) - quand je ne pourrai plus me suffire, ce sera fini, ils me mettront en maison de retraite, et ils vendront tout. Moi je me suis débrouillée pour garder la maison, de famille, mais eux, ils en feront ce qu'ils voudront. On peut entendre une certaine émotion dans sa voix imprégnée de tristesse aussi.
Il n'y a pas longtemps elle s'est cassé une dent et du coup elle se retrouve édentée car l'appareil ne tient plus. Elle ne peut consommer que du liquide et a perdu deux kilos. Elle montre le résultat à Suzanna en soulevant son pull - "eh ! Regarde : je me perds la culotte : va pas falloir que ça dure quand même, je peux rien avaler putain ! J'en ai marre moi ! Et puis ça me détraque les intestins de manger comme ça ! " elle est excédée et on la comprend. Elle se met soudain à faire le sketch chez le dentiste, en écartant la mâchoire avec ses deux mains -" regardes un peu ce trou. C'est là qu'elle va me remettre la dent qui me coûte Sept cents Euros, oui, SEPT CENT EUROS une dent ! J'en ai les cheveux qui se hérissent sur la tête. Elle mime l'intervention comme si elle y était. Suzanna est écroulée de rire. -" tu sais que j'ai peur de m'étouffer, avec toute cette salive dans ma bouche et ses doigts dans mon
gosier ? Je ne peux pas bouger Couillon ! Je n'ai qu'une peur, qu'elle me fasse avaler un morceau de quelque chose, parce qu'alors là, j'y passe. » On sent vraiment une angoisse certaine mais elle est tellement drôle en le racontant.

Lundi 19 janvier

Depuis quelques temps, Mamie Meggie se met à éplucher la rubrique nécrologie du journal, chose qu'elle ne faisait jamais avant. Suzanna lui parle d'un de son papy qui est hospitalisé et lui dit qu'elle est inquiète pour lui. Aussitôt Mamie Bigoudine lui lance -" oh mais tu sais bien que tu ne vas pas le faire rester en le tirant par les cheveux, tout de même, tu n'y penses pas ! " . Elles se regardent et, ensemble elles éclatent de rire. " une jolie façon de défier la mort, elle est extra cette Mamie ! Parfois mamie Meggie parle tant que l'heure tourne sans qu'elles s'en rendent compte et quand Suzanna lui dit - " bon maintenant faites-moi faire quelque chose quand même ! " elle lui réplique : -" ça y est, tu te réveilles ? Suzanna, un peu mal à l'aise rajoute : -" mais on n'a rien fait aujourd'hui ! " réponse laconique : « - je te paye à rien foutre, tu vas pas te plaindre, non ? » et à nouveau elles rient de bon cœur. Cela dit je me dois de rajouter que, en tant que témoin, ce n'est quand même pas à chaque fois que ça se passe comme cela : tout dépend si Mamie Meggie a envie de parler plus que d'ordinaire. Suzanna s'adapte à son ressenti.

Vendredi 23 janvier

Mamie Meggie transmet littéralement son angoisse à Suzanna dès qu'elle la voit : -"putain ! J'ai failli m'étouffer en pleine nuit, avec ma dent. Elle me l'avait recollée mais elle s'est décollée pendant que je dormais. J'ai cru que j'allais l'avaler. Mais elle a un ciment éventé, un ciment de pacotille, ou quoi ? " ça fait plus d'un mois que ça dure et j'en ai marre maintenant ! " Quand Suzanna s'en va, elle lui cri du haut de son escalier : -" je suis contente de te voir ma poule, tu es "ma bulle d'air ". Cette remarque attendrissante donne du baume au cœur à Suzanna.

Lundi 26 janvier : Sa fille et son gendre sont arrivés à l'improviste. Visiblement elle n'en est pas très enchantée et ça se voit nettement sur son visage, vue les mimiques qu'elle fait dès qu'elle voit Suzanna. Cette dernière rit sous cape, tout comme moi d'ailleurs : -" putain, j'en ai marre moi, Ils ont débarqué sans prévenir. Je ne les supporte pas, tout est sujet à discorde, tu vois. Je leur fais à bouffer, ils ont plus qu'à se mettre les pieds sous la table et ça ne va jamais. Elle est toujours après moi. Et fais ci, et fais pas ça, et tu devrais faire comme çi et pas comme ça. C'est insupportable. Elle me parle comme à ses élèves. Elle ne se met pas à ma place. " Meggie déblatère, elle est excédée. Elle demande à Suzanna si elle veut un café. Celle-ci se sent un peu gênée, non pour elle mais de peur que Meggie se fasse réprimander. Elle répond que ça ira. Meggie rétorque aussitôt : -" aller viens, ils ne vont pas te bouffer non ? je suis chez moi, je fais ce que je veux quand même ! " Suzanna a téléphoné hier soir quand la fille était là. Meggie lui répète que cette dernière lui a dit d'un ton froid -" mais tu continues à la tutoyer ? " cette remarque désobligeante l'a vexée. Elle rajoute sur un ton
énervé : « mais putain, qu'est -ce que ça peut lui foutre ? Elle m'emmerde à force. J'en ai marre qu'elle me traite comme si j'étais une gamine, elle, c'est un chameau ! » Suzanna tente de faire comprendre à Meggie qu'elle a malgré tout de la chance que sa fille vienne la voir. Mais rien n'y fait, elle n'aime pas que ses habitudes soient bouleversées et aujourd'hui tout y passe. Elle continue sur cette bonne lancée : -" il est ouvert l'hôtel, pension complète, buffet à gogo et Gratis de surcroît ! " avant de s'esclaffer de rire. J'adore cet humour caustique qui en dit long sur le désarroi de ce petit bout de femme.

Vendredi 30 janvier

Quatre jours après Madame Bigoudine est toujours sous le stress de la visite de sa fille. Elle dit : -" putain, elle m'a toute chamboulée dans ma cuisine. Et puis, ça n'allait jamais. Je leur ai fait un rôti, et regarde, pour le couper il lui a fallu quatre couteaux, oui, pas un : quatre ! Elle rajoute, en ouvrant le tiroir de la table où ils sont rangés : - oh, Y aurait de quoi les tuer quelques fois ! ". Dans la lancée Suzanna rétorque pour rire : - " en plus vous êtes bien équipée ! " mamie Meggie s'exclame - " et ils coupent bien ! »
Elle propose un café à Suzanna et continue de parler de sa fille. -" je crois qu'elle ne comprend pas, elle ne se met pas à ma place. Elle me pleure le chauffage alors que c'est moi qui le paye, putain. Presque une demie-heure après Suzanna n'a toujours pas son café et elle essaye de placer : -" appuyez sur le bouton Meggie, il faut que je travaille quand même ! " mais elle fait la sourde oreille et continue : je ne lui souhaite qu'une chose à ma fille : que quand je ne serai plus là, elle se rende compte comment je suis, comment on devient, et qu'on la traite comme elle me traite, elle m'a lancé ça au nez : « tu me fais pas confiance » Elle a répondu interloquée : « Comment ? » puis s'adressant à Suzanna : « Tu crois que je lui fais pas confiance toi ? C'est elle qui me fait tous mes comptes, Allons, quand même, ça c'est la meilleure ! ».
- Mais aujourd'hui, qu'est-ce qu'il faut faire ? Enfin, c'est comme ça, Il faut faire avec.
Presque quarante-cinq minutes se sont écoulées avant qu'elle dise enfin, - aller, prend ton café, va !

Lundi 02 février
Nouveaux sketches en arrivant : Mamie Bigoudine raconte qu'elle est allée faire une réclamation à la sécu, c'est

hilarant. « Je suis rentrée dans le bureau comme une furie et je leur ai jeté à la gueule : -" eh, regardez-moi bien, je n'ai pas encore azeilhmer ! " -" mais qu'est-ce que tu crois, je ne vais pas me laisser faire, surtout pour une "ratiche" que j'ai payé 830 euros, Oui, 830 euros pour une dent ! ». Elle évoque ensuite un jour de retour chez elle après une intervention chirurgicale, il y a quelques années : -" tu sais, je m'en suis vue : « Mon mari il ne savait pas faire la bouffe, et il fallait nourrir les petites, donc à mon retour d'hôpital il a dû mettre la main à la pâte pour les repas ; elles en ont eu vite assez des sandwiches. Un jour, j'avais mis la cocotte-minute en route, et, je ne sais pas ce qui lui a pris, il a dû trop monter le gaz, et, ce qui devait arriver, arriva : elle a explosé ! Tous les poireaux étaient collés au plafond ! » Rien que d'imaginer la scène, décrite encore une fois avec les gestes, quel fou rire ; Meggie revivait totalement cette anecdote. Quel moment de délectation ! Mamie Meggie revient ensuite dans la réalité et dit qu'elle souhaiterait avoir quelqu'un constamment avec elle. C'est sûr, le rire c'est une très bonne thérapie. Et à ce rythme, elle nous ferait bien une centenaire, oui !

 Elle spécifie « - mais une de vous autres bien sûr, pas avec un mec. - Petit sourire en coin - Non, moi les mecs j'en veux pas : ni gris, ni noir, ni maigre, ni gros, ni même cousu d'or ! Qu'ils aillent se faire voir chez les Grecs ! Je ne suis pas bonne à caser moi ! ». Qu'est que je me marre dépuis mon trou, en observant la scène…

Lundi 09 mars

Meggie a reçu une publicité pour une aide à domicile indépendante. Elle la montre à Suzanna qui lui dit illico presto, en riant -" si vous devez changer, pensez à moi d'abord. Je pourrai travailler pour vous à temps plein. " Réponse laconique de Mamie Meggie avec une tape amicale sur l'épaule : -" mais tu le sais ma Chérie, jamais je ne trouverai quelqu'un d'autre comme toi. " bien que Suzanna ne se croit en rien exceptionnelle, qu'est - ce qu'elle est heureuse d'entendre un tel compliment. C'est vrai qu'elles s'aiment beaucoup toutes les deux, je le certifie pour les avoir observées de près...

Vendredi 13 mars

Meggie a vraiment besoin de discuter aujourd'hui, et surtout, d'écoute. Elle dit, (je cite) : -" j'en peux plus de ma fille. Jamais je n'aurais cru qu'elle devienne comme ça. Elle me tient de ces raisonnements, putain ! » Elle ajoute d'un ton dépité : -" je crois que plus ils ont de titres, plus ils ont de diplômes, plus ils ont le cerveau usé ! " Tout cela pourrait porter à rire mais en fait ce n'est pas si drôle que ça. Quand Suzanna l'a quitté elle dit sur un ton légèrement amer : -" tu sais, c'est pas drôle de se retrouver seule entre quatre murs, toute la sainte journée. Alors, tant que je le peux, j'enfile mon manteau et je sors, je vais faire un tour au marché, voir du monde. " Dernièrement Mamie Meggie est assez agitée, elle rumine, dors mal. Elle ne tient plus en place. Elle dit qu'elle range mais en fait elle ne fait que déplacer les objets, les documents, elle s'éparpille dans ses gestes et se répète beaucoup. Son occupation principale c'est de tourner en rond. Suzanna voit le changement psychique la gagner. Elle est beaucoup moins joyeuse qu'auparavant, elle se dit assaillie de pleins de soucis, alors qu'il n'en est rien, c'est terrible. Elle se plaint de ne recevoir aucun coup de fil le dimanche. Suzanna l'appellerait bien plus souvent mais le grand défaut de mamie Meggie est bien d'être trop bavarde au téléphone. Elle a tant besoin de parler, qu'elle enchaine sans arrêt et que l'interlocuteur à l'autre bout du fil est pris en otage et ne   sait   plus   comment   s'en   défaire.

Eh oui, la solitude peut aussi vous retrancher dans encore plus de solitude car plus personne n'a le temps et ne veut écouter les doléances d'une Mamie déprimée. C'est triste cette vie.

Lundi 23 mars

Ce matin justement, Mamie Bigoudine a le discours d'une déprimée. Elle dit : -" à un moment donné on se rend compte que l'on n'est plus personne, que l'on n'est rien, que l'on ne compte pour plus personne. On sert juste à offrir des cadeaux. Et encore, pour ceux qui ont de l'argent ça va encore ! » Ça a le mérite d'être réaliste au moins. Et cela aussi rend Suzanna triste encore une fois. Quand elle part elle dit : « Merci Meggie. » Cette dernière réponds -" merci de quoi ? De ma bonne humeur ? " est-ce ironique ?

Vendredi 27 mars

Ce matin Mamie Marguerite est plus joyeuse. Elle parle beaucoup de son mari dont elle était très fière. Elle possède une collection énorme de livres. Elle dit -" heureusement que je lis beaucoup, sinon je deviendrais folle. J'ai le cerveau qui bouillonne en permanence.
Suzanna veut lui montrer qu'elle la comprend et lui
dit : « - Eh oui, quand on est dans la solitude on doit changer d'air, il faut baigner dans une atmosphère plus légère.» Réponse inattendue de Meggie : « - oh tu sais, je ne prends pas de bain moi, je prends que des douches » Après un petit blanc de paroles, le temps que Suzanna capte la blague, la complicité les plonge toutes deux à nouveau dans un petit fou rire.
En feuilletant le journal Suzanna s'exclame en riant : - " il y a la parade des Cocus, pour le carnaval. " Mamie
Meggie est très réactive. Elle répond - " hou, il va y avoir du monde alors. Si c'était à mon époque, j'aurais été au

premier rang moi ! Tu sais, en lisant les journaux je m'aperçois que c'est le Cul qui gouverne la France ». Suzanna rétorque -" Vous me faites rire Meggie. Elle reprend, tu tac au tac :" oui, il faut être réaliste ma chérie !"

Lundi 30 mars

Meggie est allée à la messe des Rameaux. Elle dit que plusieurs personnes lui ont demandé du laurier. Elle s'interroge -" mais qu'est´ ils en font les gens du laurier béni ? C'est pour le mettre dans la sauce ? Non mais, Moi ça ne me viendrait pas à l'idée de mettre du laurier béni dans la sauce pour le bouffer après !"

Suzanna s'apprête à laver la vaisselle sans protection. Elle lui décroche furtivement un tablier à carreaux et s'exclame -" ah ces filles alors, Je leur foutrais mon pied au cul dès fois. " Quand elle s'en va Suzanna lui dit -" dites bonjour à votre fille de la part. Elle s'écrie :" - quoi ? Seulement si elle est de bonne humeur ! Y a quelquefois je la foutrais par la fenêtre avec son sale caractère ! "

Lundi 30mars

Suzanna demande en arrivant comment s'est passé la visite de sa fille. -"oh ! Je me tais, je ne dis rien, pour ne pas me fâcher. Tu comprends, si je me fâche avec elle, je ne vois plus personne de la famille. Les enfants ne se mettent pas à la place des parents. Elle verra plus tard ; heureusement que vous venez vous autres, sinon je ne verrais personne. " Suzanna perçoit beaucoup de détresse dans ses propos, mais que faire ?

 Vendredi 17 avril : Meggie a un énorme besoin de parler ce matin. En début de prestation elle lui affirme, le cœur serré : "- je crois qu'elle m'a tout détraqué, ma fille. Je crains toujours de faire une connerie avec elle. Je me sens comme une gamine." Le téléphone sonne. La personne se présente : - je suis représentante des meilleurs vins de France - A peine a-t- elle finit sa phrase que Meggie répond sur un ton quelque peu énervé : -" et moi j'ai plus de 90 ans, je vis seule et je ne bois que de l'eau ! Alors ce n'est pas la peine que vous continuiez. » Elle raccroche furtivement. Suzanna reste scotchée de cette repartie et éclate de rire et ne peut plus s'arrêter. Meggie se met à rire à son tour et ajoute : - " c'est vrai non, qu'est-qu'ils viennent me faire chier ? " elle ne cesse ensuite de parler enchaînant le résumé sur son mari. Suzanna qui l'écoute attentivement puis la coupe a un moment donné pour lui rappeler qu'elle doit aussi faire un peu de ménage. Mamie Meggie lui dit avec une moue qui en dit long : " - mais tu as peur que ça me coûte trop cher de te payer à rien faire ? Ne t'en fais pas ma poule, on en fera plus la prochaine fois ! ". Sur le pas de la porte, Meggie parle soudainement d'une de ses anciennes expériences : - " j'avais une voisine y a longtemps, qui avait des dons de voyance et elle m'avait dit que je vivrai vieille, jusqu'en 2021. Tu vois il me reste du temps pour vous faire chier ! » Éclats de rire.

Vendredi 15 mai
Dernièrement Suzanna trouve Madame Bigoudine de plus en plus taciturne, qui est moins à l'écoute, qui s'apitoie plus facilement sur son sort et dit sans cesse " - je vais finir folle a force ! " Elle ne parle presque plus que d'elle-même en se plaignant. Suzanna pense qu'elle est en légère déprime. Elle dit, en parlant de ses enfants, je cite : - " ça doit les emmerder que j'aie toute ma tronche. » Puis elle
rajoute, : - ça me fait mal de voir comment ma fille est devenue, elle n'est plus comme avant. C'est dur tu sais, le jour où ils me mettront en clinique, je serai foutue, ils

s'arrangeront pour ne pas me faire revenir ici. Alors je lutte, tous les jours je lutte pour rester en forme.

Maintenant que les beaux jours sont là, Suzanna accompagne quelques fois Meggie bras dessus, bras dessous pour aller faire son marché à la halle juste en bas de chez elle. Elle ne se sent plus d'attaque pour y aller seule. Elle connaît pas mal de monde dans son quartier et Suzanna marche fièrement à ses côtés lorsqu'elle lance à ses connaissances : « ça, c'est ma petite aide à domicile, on s'entend bien toutes les deux. Elle est mignonne. » Suzanna adore ces petits moments privilégiés qui lui font chaud au cœur et gardera longtemps le parfum de ces fruits exquis et de ces odeurs partagées.

Et ce qui devait arriver, arriva au tout début de l'année 2017. Mamie Bigoudine est tombée, il y a eu intervention des pompiers parce qu'elle était seule et qu'elle n'a pu se relever. N'ayant aucun membre de sa famille à proximité Il y a même eut destruction de sa porte d'entrée afin qu'ils puissent lui porter secours rapidement. Meggie Bigoudine a ensuite été très rapidement rapatriée dans une maison de retraite proche de chez ses enfants, à quelques centaines de kilomètres d'ici. Suzanna ne lui a pas dit au revoir. Elle ne supporte pas cette idée, aussi, après quelques mois, elle décide d'aller lui rendre visite. Elle est accueillie très chaleureusement par sa fille. Lorsqu'elles se retrouvent, avec Meggie, elles ne cessent de s'étreindre durant de longues minutes. Bonheur inouï, partagé, moment d'émotions intenses. Voyant que cela s'éternise, sa fille lance, du fond du couloir, je cite : « eh bé ! Ça c'est le Grand Amour ! ». Que faut-il sous- entendre ? Dieu seul a la réponse. Mais ayant suivie leur relation de près, durant ces trois dernières années, j'ai ma petite idée là-dessus, croyez-moi. Meggie Bigoudine est bien amaigrie, ce qui choque un peu Suzanna car elle pense que cela n'est

guère bon présage. Elle est triste lorsqu'elle s'en va, avec un pressentiment que c'est la dernière fois qu'elle la voit. Cela va se confirmer, hélas, un an plus tard, Mamie Bigoudine s'éteindra. A l'annonce de cette nouvelle Suzanna doit s'assoir pour supporter cette douleur. Elles ont eu tellement de moments heureux ensemble. Elle en restera imprégnée toute sa vie et ne l'oubliera jamais, c'est certain. Elle reste fière toutefois de l'espoir qu'elle lui a donné lors de leur dernière conversation téléphonique, alors que Meggie l'implorait de revenir la voir bientôt, elle répondit avec joie et enthousiasme : « oui, c'est promis, je reviens vous voir très vite. »
Mamie Bigoudine raccroche, le sourire perceptible aux lèvres. Suzanna n'aura pas l'occasion de la revoir mais leurs derniers mots leurs auront donnés de la joie au cœur, une joie partagée.
Ainsi- soit-il. Nous ne maîtrisons pas tout, hélas.

III.   Une heure avec Monsieur Papy Richard.

Monsieur Richard est un monsieur si gentil, si attentionné. Il a perdu sa femme depuis trois ans et a depuis pas mal de soucis de santé ce qui le met souvent dans un état de stress excessif ce qui le rend parfois très acariâtre. Il râle assez grossièrement. Suzanna lui dit qu'il ne doit pas s'énerver, qu'il doit garder le moral. Que tout ça n'est pas bon pour lui car il fait de l'asthme et a été hospitalisé à plusieurs reprises. Son injure de prédilection est : – Nom de Dieu !!! – toujours prononcée sur un ton très soutenu. Suzanna en est offensée puisqu'elle est croyante mais ne montre rien bien sûr. Chaque jour il renouvelle ses plaintes. Suzanna n'aime pas quand il s'auto-injure et se dénigre. Il a pourtant la chance d'avoir son fils chez lui tous les soirs. Il culpabilise en disant qu'il gâche la vie de son fils. Là aussi, elle tente de le rassurer en lui expliquant qu'il ne gâche rien, que son fils a fait son choix délibérément pour son père, que c'est un bel acte.
Monsieur Richard s'offre la prestation quotidienne d'une auxiliaire de vie pour le repas de midi. Il s'est habitué à la présence de Suzanna quatre fois par semaine. Chaque

fois qu'elle s'en va il lui dit, en lui faisant d'énormes bisous affectueux « - a demain, je vous attends. »
Il s'excuse d'être exubérant avec ses bisous, mais Suzanna aime cette affection démonstrative qui lui rappelle son enfance. Elle le rassure en lui disant "- chez moi aussi c'était comme ça, ça ne me gêne pas", tout en le freinant quelque peu pour qu'il ne s'aventure pas au- delà de certaines limites, car il semble assez coquin ce monsieur...
Il lui a dit aussi qu'elle est comme sa petite fille. J'ai cru comprendre qu'il affectionne particulièrement ses yeux bleus quand il s'exclame quasiment tous les jours : « ah ! Ces yeux que vous avez ! Si j'étais plus jeune je vous ferais la cour ! » Là, je me fais tout petit dans mon trou de souris. Tant qu'il ne lui manque pas de respect... Suzanna est à ses petits soins pour le repas, elle lui chauffe ses plats, le sert, discute ; elle lui confère une présence attentionnée qui lui fait du bien. Il est reconnaissant et ne manque jamais de lui proposer un dessert ou un café. Quand elle le remercie il lui dit : « merci à vous, c'est vous qui me gâtez ! » Il est vrai que souvent elle lui réchauffe ses plats à la poêle alors que son fils est hostile à ce procédé. Monsieur Richard apprécie tellement plus quand s'est réchauffé à la poêle, qu'il dit à Suzanna : "- et bé... On ne lui dira pas à mon fils, hein ! ' Elle aime cette complicité.
Le reste de la journée il a pour compagnie sa chienne Douka, et les visites programmées du Docteur, de la femme de ménage, de la pédicure, sont son rituel quotidien. Il appréhende de faire un malaise quand il est seul. Soucieuse, Suzanna a pris son numéro de téléphone et elle l'appelle de temps en temps pour prendre de ces nouvelles, ce qu'il apprécie beaucoup. Quand elle s'en va il la regarde s'éloigner depuis sa fenêtre en lui faisant un geste amical de la main. Je peux lire dans son regard que déjà il aimerait être à demain, midi.

Monsieur Richard a l'âge de son père, et Suzanna se prend d'affection pour lui aussi.

Aujourd'hui 08 juin, c'est son anniversaire et il est si heureux de lui offrir une part de son gâteau que Suzanna ne peut pas lui refuser. Il est vraiment gentil. Elle lui dit Merci. Il répond :" merci à vous, c'est vous qui êtes gentille avec moi, et qui me gâtez. Elle lui répond : - " mais je ne fais que mon travail Monsieur Richard. Il ajoute sur un ton amical mais quelques peu réprobateur : "- allons, quand même ! "

Suzanna n'est pas venue depuis plusieurs jours. À son retour elle lui demande comme de coutume si ça s'est bien passé avec sa remplaçante. Elle ne s'attendait certes pas à cette réponse : -" oui, bien sûr. Elle est bien aussi, mais ce n'est pas vous. Vous, vous êtes comme ma petite fille ». Ce compliment la gêne quelques peu mais lui fait chaud au cœur. Monsieur Richard est parti en maison de repos pendant plus d'un mois. Suzanna va lui rendre visite un jour. Il est si content qu'il en devient écarlate. Elle est toute aussi heureuse de lui avoir fait plaisir.

Décembre 2013

Suzanna a repris la cadence habituelle avec Monsieur Richard. Elle l'assiste tous les midis, ou presque, pour son repas. Dernièrement elle trouve qu'il change : il parle moins, entends moins bien et par conséquent, il l'a fait souvent répéter. Il ne mange plus que des demi-portions. Il est sous assistance respiratoire et constamment sous traitement antibiotiques et cortisone. Il déprime. Il dit souvent -" ça fait quatre ans que ça dure. J'en ai assez, j'ai toujours quelque chose qui ne va pas bien Nom de Dieu ! » Il incrimine souvent Dieu, ce qui ne plait pas forcément à Suzanna car il blasphème aussi la plupart du temps.

Aujourd'hui il a un discours peu rassurant. Je cite : - si j'étais courageux Nom de Dieu, je sais ce que je ferais ! - Suzanna, mal à l'aise lui répond : -" ça va s'arranger, Monsieur Richard. Dépité et lucide il lance, quelque peu en colère : « non, je ne crois pas, non ! '" il rajoute
(je cite) : -" mais qu'est -ce que je fou encore sur cette terre Nom de Dieu ? " À présent, chaque fois qu'elle s'en va, je vois que Suzanna n'est pas très rassurée, et qu'elle se demande si elle le reverra vivant demain. Car il a l'air résigné à vouloir partir. Fort heureusement il était entouré de tous ses enfants et petits-enfants pour Noël. Ils étaient dix-huit à table. Belle famille.

Mardi 12 janvier
Il est au plus mal, il respire mal, ses yeux sont vitreux, il est pâle comme un cierge, il est très agité ;
Suzanna n'est pas tranquille et elle a un vrai pressentiment lorsqu'elle le quitte. Elle est triste.

Mardi 20 janvier
Monsieur Richard a été hospitalisé et elle vient lui rendre visite. Là, elle découvre un corps presque à l'agonie. Il est aux soins intensifs. Elle se dit qu'elle n'aurait pas dû venir pour garder de lui cette image intacte. Mais au fond, elle ne regrette pas : elle pense lui avoir fait plaisir, il lui dit quelques mots de très faible intensité qu'elle a du mal à comprendre. Elle part en lui disant : - " à la semaine prochaine, Monsieur Richard, chez vous. " Il répond juste un "oui" à peine audible. Suzanna doit se faire à l'idée, même si c'est très dur. Ils ne sont pas éternels ses papy et Mamies : la mort fait partie de la vie, en fait. Durant l'année passée elle aura quasiment passé toutes ses heures de repas avec lui, comme si c'était un membre

de sa famille. Elle gardera un souvenir indélébile de ces moments partagés.
Suzanna espère malgré tout qu'elle se trompe à propos de son diagnostic.

Jeudi 26 mars
Suzanna apprend avec grande tristesse que Monsieur Richard est parti définitivement ce week- end. Elle ne l'oubliera pas. Il est certainement mieux où il est car elle l'entend encore dire, à plusieurs reprises, : -" mais qu'est - ce que je fous encore sur cette terre Nom de Dieu ? ".
Sa maladie le rendait irascible.
 Au revoir Cher Monsieur Richard. J'ai été ravie de vous connaître.

IV.   Trois heures hebdomadaires avec un papy Espagnol

Monsieur Caramelo a 98 ans, a toute sa tête, et est relativement en bonne santé. Il est épatant ! Il souffre surtout d'une immense solitude. Il vit dans un appartement bien situé en plein centre-ville. Hélas il y a un pallier avec escaliers et cela reste un énorme handicap pour lui car bien que valide, il se déplace très difficilement. Aussi il avoue souvent à Suzanna avec un accent Catalan bien prononcé qui l'a fait sourire : -" je suis en prisonn... ! « J'ai une vie de conn ! Il voudrait changer pour un rez- de-chaussée pour pouvoir sortir un peu car il s'ennuie. Il est vrai aussi que hormis l'infirmière qui passe quelques minutes quotidiennement et Suzanna qui vient deux fois par semaine, le reste du temps il est seul. Il a un fils qu'il voit de temps à autre.
Monsieur Caramelo est veuf depuis trois ans et supporte difficilement la séparation de sa femme qu'il aimait

vraiment. Quand il déprime il dit n'attendre qu'une seule chose : la rejoindre. Il est croyant et est persuadé qu'il la retrouvera. Il a eu lui aussi une vie assez difficile avec son lot de malheurs. Il a perdu un fils d'une quarantaine d'années d'un cancer de la gorge. 'Monsieur Caramelo est quelqu'un de très intéressant, de passionnant. Il aime parler de religion, de l'inquisition, de l'histoire de son pays dont il a souffert sous le régime de Franco. C'est avec beaucoup d'attention et de respect que Suzanna l'écoute. Il a ce grand besoin de parler aussi. Il y a ces jours où elle le qualifie de casse-tête : ce sont ces jours où il ne cesse de geindre sur les dérives de ce monde qu'il a tant de mal à supporter ; il se répète alors inlassablement et ressasse. Chez Monsieur Caramelo il y a d'innombrables pendules accrochées aux murs, dans toutes les pièces ; toutes marquent des heures différentes. La plupart sont en marche et leur "tic-tac qui s'entremêlent rythment les journées interminables de Monsieur Caramelo comme pour défier le temps. Il n'y a plus de notions de temps d'ailleurs. Le temps n'est rien, le temps joue-t'il pour nous, contre nous ? Le temps sert à attendre, attendre que le temps passe, à tuer le temps.... Oui mais attendre quoi pour Monsieur Caramelo ? Qui des deux tue l'autre ? Attendre simplement que l'heure sonne pour aller
rejoindre son épouse dans d'autres dimensions où le temps n'existe pas, où règne l'éternité.
Il y a des jours ou Suzanna appréhende son humeur car il peut être lunatique et dans ces cas-là assez caractériel. Et là, tout y passe, même Suzanna à qui il lance : -" a ver, si vous me comprenez. Ou encore : « vous comprenez rien, vous. » Bien sûr cela met à rude épreuve sa susceptibilité déjà bien aiguisée, et ça a le don de bien l'énerver de surcroît. Cependant Suzanna a la clairvoyance de bien comprendre que c'est sa manière de s'exprimer. A mon

avis, vue sa grande capacité d'analyse spontanée et son intelligence accrue, je pense qu'il doit faire un léger complexe de supériorité pour parler de la sorte.

Dans ces cas-là, lorsqu'il n'a pas envie de parler il l'envoie acheter son pain ou à la pharmacie. Quand elle revient il se sent un peu mal à l'aise et pour se rattraper il dit : - Bienn. Je suis content. Vous avez fait du bon travail. » Un climat de confiance s'est instauré entre eux.

Avec elle, Monsieur Caramelo a adopté un instinct paternel et parfois il lui fait la morale sur sa vie avec des mots et des phrases bien tranchants pour l'inciter à prendre sa vie en main. A plusieurs reprises il l'a même fait pleurer. Il peut être très dur avec elle, surtout quand il lui dit :' vous faites un métier de Conn, Vous méritez mieux que ça... '. Il analyse tout sur sa vie, sur son caractère, il sait qu'elle rêve d'écrire, il lui dit : « dans cinq Ann, tout sera encore dans les tiroirs et vous serez malheureuse. » Cela la rend triste car elle sait pertinemment au fond d'elle, qu'il a raison... A la fin de son discours souvent, elle l'embrasse en le remerciant. Et il conclue en lui disant : « c'est parce que je vous estime que je vous parle comme ça. » Il y a ce jour où, quand Suzanna arrive à huit heures ; Monsieur Caramelo l'assaille immédiatement avec des propos très pessimistes. Il dit : « je suis un pauvre homme qui n'attends que d'aller rejoindre ma femme au paradissss, je suis périmé, je suis un mort-vivant. Je veux que Dieu me ramène près de ma femme, elle m'attend. » Quoi dire à cela ? Suzanna reste impuissante face à ce désarroi. Seul, le mot 'périmé' la fait sourire. Cela l'attriste aussi bien sûr. Un beau moyen de commencer la journée. Aujourd'hui c'est le jour des éloges funèbres. Monsieur Caramelo s'apitoie sur son propre sort surtout lorsque Suzanna, par politesse, en arrivant, lui demande comment il va. Ça l'énerve et il répond sur un ton qui n'est guère très agréable, alors que la question partait d'une bonne intention : " - mais qu'est-ce que vous croyez ? A quatre-vingt-dix-huit ans on est fichu, on ne peut pas aller Bienn ! Je suis un homme mort. » Il se met alors à lui décrire des scènes lugubres de crémation, lui dit qu'il ne souhaite pas se faire incinérer, il lui fait une description typique du caveau qu'il souhaite dans un discours digne d'un très bon commercial. Un vocabulaire parfait pour un immigré ! Quelque peu agacée Suzanna lui dit : « vous n'êtes pas très joyeux Monsieur Caramelo ce matin. » Elle lui demande s'il veut qu'elle lui prépare un café. Alors là, ce n'était surtout pas la question à poser ! Sur un ton d'autant plus désagréable il répond : « mais je sais me le faire le café, ne vous occupez pas de moi. Ne vous occupez de rien, ne faites pas ce que je ne vous demande pas. Vous êtes un peu 'Rare' vous ! ». Il est irascible ce matin. En fait, Suzanna commence à comprendre qu'il a horreur d'être assisté, et aussi qu'on le contredise. Il est vrai qu'il travaillait dans l'armée : tout s'explique ! Il y a ce jour quand il se plaint d'un mal au doigt atroce qui le paralyse presque, de douleur, il en pleure même, il dit qu'il n'a pas fermé l'œil de la nuit. Il refuse toutefois tout traitement et lance avec rage : -"ça va passer oui ! "- Suzanna lui suggère d'appeler le docteur ce qu'il refuse catégoriquement en s'exclamant : « je vous dit que non ! Ce n'est pas la peine, vous entendez ? » cependant, elle voit bien qu'elle ne peut pas le laisser ainsi, au risque qu'il passe une autre nuit blanche et surtout qu'il fasse une infection. Elle téléphone au docteur à son insu, ce dernier tâchera de passer dans la journée. Lorsqu'elle lui annonce, autant vous dire qu'il ne lui manque rien ! Il devient si colérique qu'il en devient écarlate.Et Suzanna craint presque que son cœur lâche. Jamais elle ne l'a vu hurler de la sorte et lui lancer de pareilles insanités à la figure. Mais Suzanna prend sur elle et attend que sa colère tombe avant de lui dire le plus doucement possible : -" je n'ai fait que mon devoir, j'aurai agi de même si c'était arrivé à mon grand-père. Son grand calme le déconcerte mais il met malgré tout du temps avant de redescendre. Il déblatère : « Dorénavant, vous faites le ménage et c'est tout. Je ne vous dis plus rien, vous êtes une emmerdeuse, vous êtes malade de la tête. » Ce à quoi elle répond toujours aussi calme : « vous voyez Monsieur Caramelo, je ne peux pas me contenter de faire mon travail bêtement, je suis humaine et je vous répète que je n'ai fait que mon devoir.» Elle part, assez remontée de s'être fait traiter de tous les noms d'oiseaux. Mais qu'importe, elle est fière de ne pas s'être comportée comme un robot, pas comme cette autre fille dont il vante tant les mérites en disant je cite, - " Sophie, elle, elle fait son travail, elle ne se mêle de rien, ? Elle ne me demande rien. » Ça, c'est tout à fait le genre de personne que Suzanna refuse d'être. Elle lui répond : - Dites à ma direction que Sophie vienne à ma place alors, si vous préférez, si elle vous convient mieux que moi. » Quand elle retourne chez lui deux jours plus tard, la première des choses qu'il lui dit c'est : -" merci, pour ce que vous avez fait. » Il s'avère qu'il avait un panaris. Bien en a pris à Suzanna d'appeler le médecin. Aujourd'hui Monsieur Caramelo est d'une gentillesse sans pareille. Il parle posément pour une fois. Il se met tout à coup à faire des éloges sans précédent à Suzanna, ce qui lui met du baume au cœur. Il lui dit textuellement, sur un ton paternel je cite : « - n'abandonnez pas d'écrire, vous avez des capacités que les autres filles qui font ce métier n'ont pas. Elles parlent à peine le français. Vous avez une intelligence, vous. Il faut continuer à écrire et abandonner ce métier de ménage. Vous méritez mieux, vous n'êtes pas une fille ordinaire, vous. Vous allez arriver à quelque

chose, vous allez devenir riche. J'ai confiance en vous. »
Flattée, Suzanna lui dit : -" merci, que le Bon Dieu vous
entende. Et il répond d'un ton franc : " il va m'entendre,
oui ! " Suzanna le quitte plus que ravie cette fois. Le
vendredi Monsieur Caramello veut faire quelques
provisions pour ces fins de semaines. Il l'envoie acheter
des escargots au marché Victor Hugo « vous prenez des
escargots conn... Tomatès... Des escargots qui sont
élevés ici. Pas des escargots ' Qué sé Viennent de Chine',
vous comprenez Madame Suzanna ? » Il lui fait tant de
recommandations, il est si exigeant. Suzanna doit être très
attentive à sa demande. Mais quel bonheur quand elle
revient, qu'il est satisfait des achats et qu'il lui dit : " je suis
content, Madame Suzanna, vous avez fait du bon travail !'
Le fils de Monsieur Caramelo est parti pour deux semaines
au Brésil pour la coupe du monde. Monsieur Caramelo se
sent seul, abandonné. Il dit souffrir énormément de
solitude. Il reste au lit à longueur de journée, ne mange
presque rien. Suzanna le console comme elle peut mais ne
peut hélas pas faire grand-chose pour lui. Avec elle, il est
irascible. Il ne supporte pas qu'elle change le moindre objet
de place, il lui dit : - venez, écoutez Madame Suzanna,
qu'est-ce que vous voulez faire avec un type malade
comme moi ? Vous ne pouvez rien faire ! Je suis seul
comme un con ! Partez, tournez par-là, - sous-entendu,
allez faire un tour dans le quartier - Ne me touchez à rien,
vous allez me foutre le bazar ! " Comment effectuer du
ménage dans ces conditions ? Il ne supporte pas qu'un
objet soit déplacé d'un centimètre et maintenant Suzanna
redouble de vigilance car elle sait que cela peut le mettre
dans une colère monstre.
Elle a toujours un pincement au cœur quand elle s'en va et
aujourd'hui d'autant plus puisqu'elle sait que ce weekend

end il ne verra absolument personne vue que son fils n'est pas là. Quel triste sort quand même. Il dit souvent, je cite : " ce n'est pas bien de vivre comme ça, quand on est vieux il vaut mieux mourir. J'en ai assez de cette vie de conn.." Il envisage de partir trois semaines en maison de repos pour trouver une alternative temporaire à sa solitude. C'est terrible.

Mercredi 06 août

Monsieur Carramelo revient donc après trois semaines passées en maison de repos. Retour au point de départ, il annonce à Suzanna qu'il sera placé en maison de retraite éminemment sous peu et définitivement cette fois ! Il ne va pas bien du tout moralement, il se laisse glisser doucement, il ne s'alimente plus du tout et est très affaibli. Suzanna a le cœur brisé : en effet il lui confirme ce qu'elle redoutait en arrivant ce matin : il lui dit -"je suis un homme presque mort, il va y avoir une mauvaise fin, je vous le dis. » Suzanna essaye tant bien que mal de le réconforter mais il continue dans ses propos lugubres : -" vous le verrez dans quelques jours Madame Suzanna. " hier il était demandeur pour partir en maison de retraite, aujourd'hui, il ne l'est plus. Il dit : -" c'est le fils qui veut, mais quand ils vont voir le cadavre que je suis ils ne vont pas m'accepter, vous comprenez ? El fils il comprends rien, il croit que je suis encore capable, que je vais ressusciter mais je suis un homme mort. " En fait, ce qui l'achève, c'est cette grande solitude, car physiquement il n'est pas vraiment malade. C'est épouvantable quand même de finir dans la solitude alors que on a quand même toujours un brin de famille. Mais la réalité est tellement cruelle, lorsque vous devenez vieux, grabataire dépendant ou impotent, vous êtes fichu, vous n'intéressez plus personne. Les enfants la plupart du temps travaillent et ont leurs propres soucis, c'est vrai.

Alors ils payent très chers des services manière de compenser un peu, de déculpabiliser aussi peut-être ? Et ils viennent passer quelques minutes, une heure parfois, de temps en temps avant de repartir vaquer à leurs occupations personnelles. Et le parent se retrouve seul à nouveau de longues heures, de longues et d'interminables nuits jusqu'à que l'infirmière revienne au petit matin, lui prodiguant quelques soins vite fait, puis l'aide-ménagère, et puis à nouveau se retrouver seul et ainsi de suite, un éternel recommencement insidieux... Quand on y réfléchit bien, quel est le but d'une telle vie ? A part l'attente, oui mais qu'elle attente ? Attendre, quoi, sa propre fin de vie ? L'issue fatale ? Que cela doit être angoissant !

C'est pour cela que Monsieur Carramelo suffoque, geint, c'est affreux. Il tergiverse trop, un jour il est conscient qu'il doit partir en maison de retraite, le lendemain il ne veut plus y aller et il en est terrorisé rien que d'y songer. Il fait tourner son fils en bourrique. Il est à bout de force et lorsqu'elle le quitte Suzanna se demande à chaque fois si elle le reverra vivant. Malgré son caractère irascible elle l'aime bien son papy Espagnol, Suzanna, et il lui manquera, à coup sûr.

C'est bien pour cela qu'elle ne doit pas trop faire de sentiments, car chaque personne pour qui elle travaille est sensée disparaître tôt ou tard. Et cette idée lui est insupportable. Enfin, ce jour, Monsieur Carramelo est toujours là, envisageant son départ à la maison de retraite sans aucune conviction. Il s'agite, il dit : -" je suis un homme démoli. " Il fait ouvrir et refermer la valise cinquante mille fois à Suzanna pour vérifier que tout y est. Son état anxieux le rend infernal.

Suzanna n'en peut plus ce matin, et je ne peux que compatir pour elle. Il lui demande si elle pourrait venir samedi matin, ce qui confirme bien qu'il n'a pas l'intention de partir immédiatement. Il rajoute : " le fils il va s'en aller

quatre jours, me laisser seul, dans l'état que je suis. Si c'était un fils bien, il resterait près de moi. Il ne vaut rien le fils !" Bien sûr on ne doit pas juger mais il me semble aussi que si mon père était dans un tel état je choisirais de rester à ses côtés et de le choyer, cet homme qui m'a donné la vie, cet homme grâce à qui je suis là aujourd'hui. Car ils sont certainement comptés les jours pour une personne de cet âge-là. Dans la vie on ne met pas toujours les priorités dans le bon ordre et c'est regrettable. Reste à savoir si un jour on n'aura pas de terribles remords. Je ne dis pas cela pour montrer du doigt qui que ce soit, mais j'espère juste qu'un jour certaines personnes prendront juste conscience de leur agissement d'égoïste tant que les parents sont toujours de ce monde. N'est-ce pas une situation identique que tout un chacun vit au tout début de sa propre vie : nos propres parents se privent, se sacrifient très souvent sans mot dire, nous supportent, nous nourrissent, nous torchent et font abnégation totale de leur personne parfois ! On leur doit énormément en y réfléchissant bien ! Il est évident que, enfant, nous n'en sommes en général pas conscients. Quand bien même, dans la majorité des cas, fort heureusement, le parent n'abandonne pas l'enfant de sa chair et s'en occupe avec tant d'amour. Je pense, donc, que nous aurions donc, tous, un devoir légitime envers nos parents. Hélas aujourd'hui, nos sociétés nous ont emmené à un individualisme, un égoïsme même, qui pousse souvent le descendant à traiter son parent de pénible, de chiant, sans aucune compassion. La patience envers son proche en fin de vie devrait être ce sceau d'amour. Dieu merci, il y a des d'exceptions et des enfants extraordinaires qui s'occupent de leurs parents avec ce sens du devoir.
Une fois de plus Suzanna part le cœur serré en se demandant dans quel état elle retrouvera Monsieur Caramelo la prochaine fois, bien qu'elle sache

pertinemment qu'il fait du gros chantage, ou du moins, elle espère que c'est du chantage...

Mercredi
Elle lui rend visite à la maison de retraite. Il est dans un joli petit loft. Quand elle arrive, il est égal à lui-même comme si c'était naturel qu'elle vienne. Il ne montre aucune émotion. Suzanna en est déconcertée. De plus il passe tout au crible et se plaint de tout. Je cite : -'' yo n'ai pas de fourchette pour manger, « Poutain' ils oublient tout, je ne suis pas bien ici, pour me laver, c'étaient trois noires... On m'a volé deux cents euros' je vais rentrer à la maison ! Yo n'en peux plus ! »
Après ses litanies quand elle est sur le point de le quitter il dit un bref "merci ». Elle part un peu dégoûtée mais fière d'avoir fait sa B.A. Dans le courant du mois de décembre, Suzanna retourne le voir, et là : qu'elle agréable surprise : il manifeste sa joie de la voir, il est très réceptif. Il lui offre même une part de gâteau. Incroyable ! Il semble transformé. Il est en pleine forme. Il dit vouloir retourner chez lui le mois prochain : « à voir...à Ver... »

Suzanna apprendra quelques temps plus tard que ce Cher Monsieur Caramelo s'en est allé paisiblement dans son sommeil en ce mois de janvier. Elle assistera à sa messe d'enterrement, triste, mais le cœur rempli d'une forte émotion.
Son fils la remercie à plusieurs reprises et lui téléphonera quelques années durant pour lui adresser ses vœux en guise de reconnaissance .

V.   Deux heures chez Monsieur Brigadier

Monsieur Brigadier est un homme de 83 ans mais qui semble en avoir 20 de moins. Il est grand et sec avec une allure légèrement austère. Il est très carré et à cheval sur des principes. Suzanna a su trouver le moyen de le "cadrer" élégamment aussi est-il quelques peu plus indulgent avec elle aujourd'hui. Il ne supporte pas par exemple quelques minutes de retard alors que même en faisant le maximum il est quelques fois impossible à Suzanna, malgré sa meilleure volonté, d'arriver pile poil à l'heure en ayant seulement quinze minutes pour le trajet entre deux prestations. Dès qu'elle arrive il manifeste son stress en disant sur un ton quelque peu intempestif « aller, il vous faut commencer, ne faut pas perdre de temps » Il a dû transmettre cet état d'esprit à sa fille qui elle, est en permanence électrique : une vraie boule de nerfs,
 agitée dans tous les sens, qui vous tourne autour intempestivement, vous commandant de faire ceci et cela

sur un ton plutôt intransigeant. Depuis mon petit trou je me retiens d'aller lui mordre les orteils pour faire monter d'un cran son adrénaline mal utilisée. D'ailleurs sans s'en rendre compte elle parle aussi très durement à son père et lui transmet son stress. C'est une histoire sans fin... Dès qu'elle a tourné les talons Monsieur Brigadier dit à Suzanna comme pour se soulager et avec un léger sourire en coin que j'ai bien remarqué : « - vous au moins vous êtes calme ! " J'ai alors vu aussi la petite mine réjouie et fière de Suzanna qui par politesse et discrétion n'a rien rajouté même si elle n'en pense pas moins.

Monsieur Brigadier semble sortir d'un milieu plutôt aisé et c'est précisément dans ces endroits là que Suzanna se sent le moins à l'aise. Dans ce milieu on est plus imbu de sa personne, il y a moins de considération de l'autre. On ne voit que les côtés négatifs de votre travail, toujours quelque chose à redire. Elle entend souvent : " je vous paye pour votre travail. » Ici on ne vous propose jamais un café, ni même un verre d'eau. Ailleurs, avec moins de moyen on vous offre de bon cœur une petite collation...Tout va toujours pour le mieux et la seule chose qui compte c'est le bonheur que vous leur donnez. Là est toute la différence. Deux mondes bien distincts. Ce sont souvent ce qui en ont le moins qui partagent le plus.

Je me souviens particulièrement de ce jour où la fille de Monsieur Brigadier qui était très agacée parce que, - quelqu'un-, une collègue probablement, avait lavé les rideaux et ne les avait pas remis en place, a sauté furieusement sur Suzanna alors que celle-ci n'y était strictement pour rien, elle lui lança : - et je vous préviens, que ce soit clair Madame : quand vous défaite quelque chose vous le remettez immédiatement à sa place, c'est compris ? " Suzanna en est restée muette tant ces propos l'ont interloquée.

Sa collègue n'avait pas replacé les rideaux simplement parce qu'ils n'étaient pas secs. Quand cette dame a tourné les talons furieusement en agitant sa canne nerveusement, elle marmonnait encore : - " non mais c'est pas possible ça ! » Je ne vous explique pas l'envie de rire que j'ai eu en pensant comme Suzanna, j'en suis certain : une vraie folle, une tarée, celle-là ! »

Jeudi 10 juillet

Période de vacances. L'autre sœur est là, à peine un peu plus aimable que son aînée, quoique... Elle ne connaît strictement rien à la cuisine, elle dit même détester les autocuiseurs car, je cite : " une fois c'est trop cuit, l'autre fois pas assez. " Suzanna a du mal à entendre de telles ignominies : la cuisine c'est son métier. Elle a fait l'école hôtelière et c'est sa passion première. Cette gentille dame dans sa manière de parler est une donneuse de leçons. Aujourd'hui elle demande à Suzanna de faire une ratatouille et de mettre des pommes de terre dedans. Suzanna n'a jamais vu ça mais s'exécute tout en tentant de lui expliquer que les temps de cuisson pour les pommes de terre et pour les légumes ne sont pas compatibles. Qu'importe ! Le résultat est, comment dire ? ... Intéressant ! Mais ce plat n'a que de nom l 'appellation Ratatouille. Si, on pourrait la qualifier de « ratatouille belge ! " Dans mon trou je suis morte de rire. Ah ! Peut-être cette famille
a-t-elle des origines Belges ? Je n'y avais pas pensé. Parfois je voudrais pouvoir enregistrer ce que j'entends. Un jour, l'autre fille de Monsieur Brigadier qui est là en vacances entreprend de cuisiner aussi et relègue donc uniquement les tâches ménagères à Suzanna, qui, l'épie quelques peu du coin de l'œil. La fille met la saucisse crue à bouillir dans les lentilles. Rien de bien appétissant.

L'infirmière qui a l'habitude de dire à Suzanna que les odeurs la mettent en appétit, arrive et déclare
(je cite) : -" on voit que ce n'est pas vous qui cuisinez aujourd'hui, ça sent pas bon ! » je vous jure que c'est
vrai ! Suzanna est flattée mais très gênée aussi. Et moi, je ris sous cape depuis mon petit trou. J'ai rarement vu, des enfants, rabaisser autant leur père, qui est pourtant encore valide mentalement et sain d'esprit lorsque Suzanna fait ses premières interventions chez lui. Monsieur Brigadier possède une voiture, toujours garée devant chez lui. Un jour Suzanna constate que la voiture n'est plus là. Elle apprend avec stupéfaction que ces filles l'ont vendue, pour un prix dérisoire, qui plus est, sans concerter leur père. Il est sous le choc à cette annonce brutale. Il s'entend dire : « de toute façon papa, tu n'es plus en mesure de conduire, tu deviens un danger pour les autres, c'est mieux comme ça. » elles n'y mettent pas les formes et ont simplement omis de lui en parler avant. Il en reste très contrarié. D'autre part, dès que l'une ou l'autre ouvre la bouche pour lui parler, elles ne savent que l'assommer de paroles écrasantes du style : « tu n'oublieras pas, hein ? Je te le répète sinon tu vas encore oublier, ou bien, « de toute façon, tu oublies toujours tout, tu ne te rappelles rien, tu ne réfléchis même plus, il faut que je te dise les mêmes choses cent fois avant que tu comprennes et de toutes façons tu ne vas pas y penser, c'est sûr ! » Voilà les paroles assassines assenées à leur père à longueur de temps. C'est un formatage très efficace. Une fois, suite à ce discours, il dit à Suzanna : « je perds pas la boule quand même ? Elles me font « caguer » mes filles, vous comprenez ? J'en ai marre, j'ai l'impression d'être un bêta, un bon à rien ». Suzanna déconcertée ne sait quoi dire. Elle lui caresse simplement l'épaule légèrement, comme pour lui dire qu'elle acquiesce. Ce monsieur finira bientôt

par partir en maison de retraite, où il deviendra, petit à petit, comme un ' légume' attendant patiemment mais à bout de force, que la « mère Délivrance » vienne le cueillir enfin. Le comble est que Monsieur Brigadier habitait « rue de la Providence ! ».

VI.   Deux heures avec Madame Vincenti

Suzanna a pour mission de faire manger Monsieur Vincenti qui est en fin de vie : pas facile. Il est comme un bébé et ne s'exprime plus. Il a un visage empreint d'une gentillesse extrême. Madame Vincenti est très sereine, on a dû la préparer psychologiquement, l'informer que son mari n'en a plus pour très longtemps. Elle est très lucide. Ce matin tant redouté arrive, Monsieur Vincenti s'en est allé, dans son sommeil, paisiblement. Suzanna qui a été mise au courant par son employeur, arrive plutôt gênée. Madame Vincenti est d'un calme palpable, et dit comme si son mari était toujours de ce monde : " montez dans sa chambre, vous allez le voir, on dirait qu'il dort ! " Suzanna reste quelque peu abasourdie de cette réaction mais finalement elle se dit que ce n'est pas plus mal. Elle a cette façon si légère de parler de cette épreuve qui déconcerte Suzanna quelque peu. En évoquant la sépulture, elle dit : -" la

CAISSE' était prête, Ils l'ont mis dedans... " je souris, même si ce n'est pas très drôle.

Les semaines s'écoulent et Madame Vincenti est toujours aussi sereine. Elle aime discuter de son passé et lorsqu'elle l'évoque Suzanna est fascinée du pouvoir qu'elle a de se perdre dans ses pensées, comme si elle revivait ces moments, elle semble absorbée, transportée dans une autre dimension, le regard figé. A présent, le passage des aides de vie semble se transformer en présence indispensable pour combler ce vide. Madame Vincenti met le couvert pour deux systématiquement et partage son repas. Les premières fois Suzanna, gênée, refusait. Mais elle a bien compris que Madame Vincenti ne veut plus manger seule. Alors elle grignote quelque chose avec elle, histoire de lui tenir compagnie et c'est toujours un moment agréable.

Une portion divisée en deux Suzanna n'en fait qu'une bouchée ! Madame Vincenti pleine de bienveillance dit à chaque repas : « achevez-le ça. » Suzanna adore cette expression ! Elle répond systématiquement, par politesse : « vous le finirez bien ce soir Madame Vincenti. » Et toujours en retour cette même réponse qui, inlassablement, fait sourire Suzanna : « oh, ça suffit. Je la connais votre rengaine, mangez, il vous faut l'achever ». Madame Vincetti est coquette et se pomponne souvent devant la glace du salon, un jour elle asperge généreusement Suzanna de pieds en cap de Chanel Numéro 5 en lui disant « profitez-en c'est ma journée de générosité. » Suzanna aime beaucoup les prestations chez cette gentille Mamie. Une complicité c'est aussi installé. Le seul bémol est que Madame Vincenti écoute le journal de treize heures, quelque peu démoralisant, la télé à fond. Elles sont obligées de hurler pour s'entendre. Elle essaye alors de monter faire la chambre à ce moment-là.

Elle repasse les petits mouchoirs à carreaux, se concentre totalement pour les plier minutieusement, elle tente ainsi d'occulter les mauvaises nouvelles quelque temps, car hélas, lorsqu'elle retourne en bas, Madame Vincenti s'empresse de lui faire le compte rendu des informations. En temps normal elle parle souvent de son mari, avec joie et sans nostalgie. Elle semble en paix avec ça et aime partager ses souvenirs. Elle s'intéresse aussi mais avec discrétion à la vie de Suzanna. En fait, les personnes âgées aiment à être écoutées, aiment être impliqués dans des conversations, cela les réconforte d'y participer. Lorsqu'elle l'envoie faire une petite course, elle lui dit systématiquement « prenez-vous un petit quelque chose, va ». Quand elle le fait, Suzanna ne manque pas de ramener une petite gourmandise qu'elle partage ensemble, ce qui ravie Madame Vincenti. D'autre fois encore, Suzanna ramène un morceau de gâteau qu'elle a confectionné elle-même, qu'elle distribue à tous ses petits protégés, ce qui ravie leurs papilles à tous. Un jour, cette gentille dame qui est retournée pour la journée dans son Tarn natal, avec sa sœur, déballe cette spécialité avec délicatesse et fierté. Suzanna lui demande qu'est que s'est. Elle lui répond avec son gros accent du Sud-Ouest : « c'est le Poumpet. C'est le gâteau que ma mère faisait le dimanche quand j'étais petite ; il est parfumé à la bergamote et au citron ». D'apparence sèche il dévoile une saveur moelleuse et très sucrée sous le palais, c'est un Régal. Madame Vincenti lui en coupe une part bien généreuse, une aussi pour ses deux filles, et dit « je tenais à vous le faire goûter, c'est pour vous. Emportez-le. »
- Je dois vous avouer que j'en aurai bien 'grignoté' quelques miettes aussi, moi, en tant que souris ! –
Un peu plus tard, arrive ce jour quand Madame Vincenti est plus fatiguée qu'à l'ordinaire. Elle fait des analyses.

Elle dit dépitée : « Suzanna, je suis foutue ». Celle-ci ira la voir quelques temps plus tard en maison de repos, elle veut aussi partager son repas, comme elle le faisait chez elle, mais ici ce ne sont pas les mêmes règles, ce n'est pas possible et Suzanna a le cœur serré en se remémorant ces petits moments de bonheur si précieux. Madame Vincenti ira ensuite vivre près de ses enfants dans le Tarn, là où elle a commencé sa vie et où elle voulait la finir, là où est enterré son mari. Suzanna a les contacts de ses enfants. Le temps passe, elle pense souvent à cette dame d'exception, toujours égale à elle-même, joviale et généreuse. Elle n'osera jamais demander des nouvelles de peur d'entendre le pire. Elle préfère rester sur ces beaux moments partagés qui seront à jamais gravés dans sa mémoire.

VII.   Une heure de remplacement avec Madame Primavera

À peine Suzanna arrivée chez Madame Primavera dans une coquette petite maison bien située en périphérie de la ville, qu'elle tombe littéralement sous le charme de plusieurs tableaux aux couleurs flamboyantes accrochés sur tous les murs, dans toutes les pièces. Elle est subjuguée par leur beauté naturelle. Peut-être parce qu'elle aussi, peint à ses heures perdues. En extase elle fait part de son admiration à Madame Primavera. Sans le savoir, elle vient de faire éclater un flux d'émotions pesantes chez Madame Primavera qui lui dit la voix tremblante : -" c'est mon fils qui les a peints, il est décédé maintenant depuis cinq ans. Vous savez c'est terrible de perdre un fils, surtout quand on en a qu'un." ça m'a tuée » Suzanna est plutôt mal à l'aise devant ce petit bout de femme au visage creusé et ravagé par le chagrin. Avec tact elle compatit. Madame Primavera n'a plus personne.

Seulement un petit fils qui vient entre midi et deux manger, pendant une demi-heure les mercredis midi. Le reste du temps elle se contente de la présence hebdomadaire d'une aide-ménagère ; une amie lui fait ses courses pour la semaine. Elle attend inexorablement que les minutes, les heures, les journées, les mois, les années s'écoulent en espérant que quelqu'un la délivrera bientôt, vers un lointain voyage... Elle l'a dit, textuellement, je l'ai bien entendue. Elle a dit aussi « vous savez, je ne souhaite à personne de vieillir, c'est vraiment affreux la vieillesse. » Elle ajoute qu'elle a expérimenté la maison de retraite durant six mois, en convalescence, alors qu'elle s'était cassé le col du fémur. Le résumé qu'elle en fait est éloquent, je cite : « vous n'êtes qu'un numéro là-dedans et au milieu de personnes qui sont pour la plupart grabataires ; aucune distinction n'est faite, aucun respect de la personne. On vous traite comme un animal, et encore on les traite mieux les animaux ! » Madame Primavera, elle, avait toute sa tête et c'est pour cela qu'elle en est sortie d'ailleurs. Mais on lui a bien dit qu'elle était une des rares personnes à retourner chez elle. Madame Primavera aura cent ans en juillet prochain. C'est une dame qui a l'air si gentille, toute douce. Il fait si beau aujourd'hui, Suzanna lui propose de faire un tour au jardin.

17h30 Suzanna lui ferme les volets et un triste sentiment l'envahie alors, car elle va abandonner Madame Primavera à son triste sort, enfermée dans sa solitude ravageuse. Elle a pourtant une si jolie petite maison confortable, mais peut-on y être heureux quand on y est seul à longueur de journées et seulement entouré d'objets, de photos qui vous replongent inlassablement dans un passé lointain qui s'est évanoui à jamais ? Suzanna a le cœur gros.

Elle sait qu'elle ne reverra certainement jamais Madame Primavera car elle était en mission de remplacement.

VIII.   L'heure quotidienne du repas Chez Mademoiselle Moore

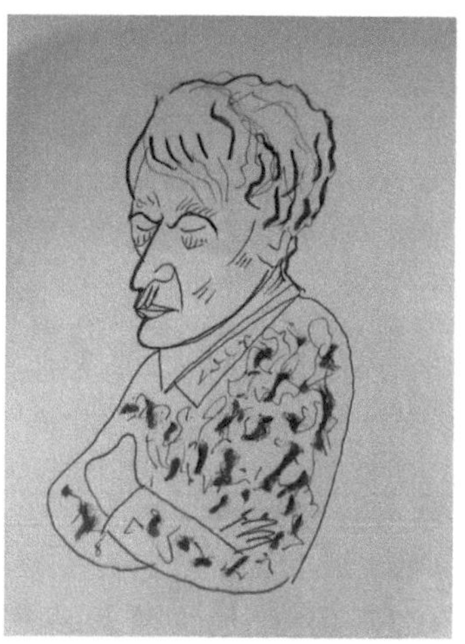

Suzanna est chargée d'assister Mademoiselle Moore pour son repas de midi car cette dernière souffre paraît-il de la maladie d'Alzheimer. Le premier jour Mademoiselle Moore est très hostile, n'accepte pas cette aide. Elle est légèrement agressive et demande "dix mille fois" à Suzanna qui l'a envoyée. Elle dit même qu'elle préfèrerait mourir que d'avoir à se faire assister. Difficile de savoir si elle a pris son repas. Elle affirme que oui, mais rien ne semble justifier ses dires dans la cuisine : aucune odeur, pas de vaisselle salle... Suzanna tente tant bien que mal de lui faire gagner sa confiance ce qui ne sera pas chose facile, elle en est bien consciente.

Lundi 23 mars

Mademoiselle Moore accueille Suzanna chaleureusement aujourd'hui. Visiblement elle a mangé quelque peu, la table est envahie de vaisselle sale. Lorsqu'elle veut la nettoyer elle ne trouve pas d'éponge. Mademoiselle Moore lui tend alors une espèce de guenille toute grise et humide, peu ragoûtante. Au regard interloqué de son aide elle dit d'elle même : « n'ayez pas peur, je vous rassure, c'est une de mes vieilles culottes, elle est propre, je l'ai lavée, on faisait ça d'antan, par économie. » Je vous laisse imaginer la tête déconcertée de Suzanna ! Généralement cette Demoiselle a un discours très cohérent. Elle aime à parler de ses voyages. Elle dit même avec lucidité : «la vieillesse vous prive de beaucoup de chose à un moment donné. » Franchement, si on n'avait pas averti Suzanna que cette dame souffrait d'une certaine pathologie, rien ne laisserait transparaître un tel diagnostic. N'est-ce pas quelques fois les inquiétudes de l'entourage qui se transposent sur ces personnes qu'elles savent fragilisées et qu'elles veulent préserver ? Mademoiselle Moore sort et fait même ses courses seule. Ne peut-on pas là-aussi accuser cette solitude immense de faire des dégâts sous-jacents à vitesse grand V ?

Mademoiselle Moore n'a jamais été mariée, donc pas d'enfants pour s'occuper d'elle. Juste une cousine qui vit dans la région. Elle est pourtant issue d'une grande famille, huit frères et sœurs tous éparpillés aux quatre coins de France. Mademoiselle Moore s'inquiète : " puisque vous êtes dans un cadre professionnel, dites-moi donc votre verdict : je suis bonne pour être internée ? ". Il semblerait que Mademoiselle Moore ait un souci d'acceptation d'aide, ce qui est souvent le cas chez les personnes âgées encore valides. Elle dit : " mais je me débrouille, vous savez, et je compte rester chez moi le plus longtemps possible." comme si cette intrusion dans sa vie était pour elle un synonyme de menace.

Comme Suzanna sera là tous les jours pour son repas elle lui suggère de l'attendre pour manger avec elle le lendemain. Une tactique qu'elle met en place pour mieux accompagner Mademoiselle Moore au fil des jours. Suzanna commence à la trouver attachante cette mamie.

Vendredi 27 mars
Alors qu'elle s'apprête à se garer Suzanna est stupéfaite en voyant Mademoiselle Moore dans la rue. Elle lui court vite après. En fait Mademoiselle Moore allait à la pâtisserie s'acheter une gourmandise. Elle dit simplement : « j'avais oublié que vous veniez maintenant ».
Suzanna l'accompagne pour cette petite escapade gourmande, que du bonheur. Mademoiselle Moore est heureuse d'acheter un gâteau plus gros et lui dit : - " je vais vous en offrir un morceau ». Quel délice ce moment de partage ! Bien entendu Suzanna se gardera bien de signaler cette escapade imprévue à qui que ce soit car cela ne ferait qu'accréditer Mademoiselle Moore dans une déficience mentale supposée... Pourtant cette dernière fait ses courses seule régulièrement, elle n'a guère d'autres choix.

Lundi 30 mars
À présent Madame Moore est si contente quand elle voit arriver Suzanna. Elle parle de ses nombreux voyages. Quand elle évoque la Bolivie, Suzanna est fière aussi de lui dire qu'elle connaît ce pays. Mademoiselle Moore ajoute, occultant apparemment toute notion de
temps : -" quand j'étais là-bas le Ché s'est fait assassiner. Puis elle rajoute soudainement : -" oh ! Mais rassurez-vous, c'est pas moi qui l'ait fait ! " Puis elle éclate de rire. Lorsque Suzanna s'empare du balais, Mademoiselle

Moore s'exclame, horrifiée : -" mais vous n'allez pas me faire le ménage tout de même, sinon qu'est-ce qu'il va me rester à faire à moi ? " souvent les personnes âgées se sentent dépossédées de tous leurs moyens et se sentent inutiles.

Souvent elle dit aussi : -" on m'apporte les repas le matin, je ne sais pas d'où ça vient, mais on s'occupe de moi, alors je les prends. Je n'ai rien demandé moi. Je ne comprends pas. "

Mademoiselle Moore semble avoir beaucoup d'humour. Elle dit : " moi, je ne suis pas disciplinée, j'ai connu la discipline toute la vie, alors aujourd'hui je vis au grès du vent, je fais comme bon me semble, je suis une fantaisiste !" En effet Mademoiselle Moore semble ne pas avoir trop de repère dans le temps. A présent lorsque Suzanna arrive chez Mademoiselle Moore elle voit un grand sourire illuminer sa face. Parfois elle a l'impression d'être le Bon Dieu. Et cette comparaison la rend heureuse. Maintenant, cette petite heure quotidienne passée avec cette dame distinguée, ancienne prof d'histoire, lui procure beaucoup de joie. Hormis qu'elle se répète beaucoup, c'est très agréable. Suzanna doit user de tact pour faire un minimum de ménage car Mademoiselle Moore la considère comme une invitée : -" mais laissez- moi quelque chose à faire sinon je vais n'ennuyer, Il faut bien que je fasse quelque chose moi ".

Il y a ce jour où Mademoiselle Moore n'est vraiment pas bien. Une de ses cousines, seul membre de sa famille proche, est là. La cousine évoque, sans trop de tact aux yeux de Suzanna, un éventuel placement imminent en maison de retraite. Et là, Mademoiselle Moore qui capte bien, s'effondre :" - mais je veux pas y aller moi ! Je veux rester ici. Je préfère encore me suicider. " Ça fait froid dans le dos de tels propos. Suzanna tente de la réconforter en lui frottant l'épaule chaleureusement.

Le sermon sur l'importance de bien manger a dû faire son chemin car deux jours après, lorsqu'elle arrive, elle trouve Mademoiselle Moore attablée avec un repas complet. Le souci est que cette dernière ne se souviens pas toujours du dernier repas, elle ne sait plus si elle a mangé ou pas... Il y a ce jour où une fumée avait envahi la cuisine et que la seule trace de repas était un morceau de viande calciné dans une assiette... Parfois, avec cette maladie sournoise il y a danger. Il semblerait que Mademoiselle Moore ne puisse pas rester ainsi très, longtemps. Elle est sur liste d'attente pour un placement imminent en maison spécialisée Alzheimer.

Vendredi 17 avril

Suzanna n'arrive pas à faire répondre Mademoiselle Moore. Elle est très inquiète. Après un long moment, enfin, elle émerge. En fait, elle faisait sa sieste, en croyant que c'était la fin d'après-midi. Du coup elle a un très mauvais réveil, ne sachant plus où elle est. Elle répète : " - je ne sais plus où j'en suis, mais qu'est ce qui m'arrive ? Je suis déboussolée. " Suzanna tente de la rassurer, lui dit que cela lui est déjà arrivé de confondre l'heure, que ce n'est pas grave. Mademoiselle Moore s'effondre : elle pleure, et cela fait de la peine à Suzanna de voir cette vieille dame perdue, qui ne cesse de répéter : « mais qu'est-ce que je vais devenir ? » Elle est très angoissée, Suzanna arrive a la réconforter et même à la faire manger quelque peu. Il y a quelques temps Suzanna lui avait promis de lui faire un gâteau au chocolat, qui est son péché mignon, en partant, elle arrive même à la faire rire en lui disant : -" je vous emmène le gâteau au chocolat, la prochaine fois que je reviens. " Comme par magie, le visage de Mademoiselle

Moore s'illumine. Suzanna repart plus légère. Il est évident que Mademoiselle Moore ne peut plus vraiment rester seule. Il y a des jours où cette Demoiselle ne supporte pas cette intrusion dans sa vue tranquille. Elle dit lorsqu'elle voit Suzanna : « mais qu'est - ce qui vous arrive ?
Qu'est - ce que vous venez faire ? Pourquoi toutes ces questions ? Vous savez, je ne vais pas m'empoisonner. Vous savez, j'ai quatre-vingt-dix ans. Si j'avais voulu m'empoisonner j'aurais pas attendu tout ce temps ! » Elle a de l'humour cette petite dame, et Suzanna l'apprécie beaucoup.

Mardi 04 mai
Mademoiselle Moore porte un pull taché. Suzanna tente de le lui faire changer en prétextant qu'elle va faire une lessive. Mademoiselle Moore prend ses grands airs et lance à Suzanna : -" mais qui vous commandité pour ça ? Vous êtes qui pour faire ça ? Si vous continuez comme ça, vous pourriez bien trouver porte close la prochaine fois. »
La situation s'empire de jour en jour. Et cet événement sera le déclencheur pour un placement en maison de retraite par anticipation. En effet, ce jour-là, Mademoiselle Moore décide de faire ses petites commissions comme d'habitude, mais elle se perd, et finit au commissariat. Elle est placée immédiatement en centre spécialisé.
 Suzanna ne peut pas l'abandonner ainsi, du jour au lendemain. Elle arrive à avoir une continuité de contrat d'accompagnement auprès de sa sœur qu'elle croise plusieurs fois lors de ses visites. Elle ira promener Mademoiselle Moore deux fois par semaine dans le petit parc. Elle l'emmènera régulièrement à la pâtisserie du quartier déguster sa gourmandise préférée, au chocolat, bien entendu ! Doux moments de complicité. Mais, petit à petit les conversations s'étiolent.

Très vite, Mademoiselle Moore sera administrée à l'unité Alzheimer. Suzanna ira lui rendre visite deux ou trois fois jusqu'à ne plus avoir la force d'affronter ce regard vide.

IX.   Promenade avec Mamie Lagrace-Dieu

Deux à trois fois par semaine Suzanna vient pour promener Mamie Edwige qui a 89 ans et vit avec ses deux enfants dans un appartement de banlieue. Quel que soit le temps Suzanna est là, pour lui faire prendre l'air, sur son fauteuil roulant. Elle affectionne particulièrement cette Mamie qui ne s'exprime quasiment plus, hormis quelques mots par ci par là. Cette femme si douce, était infirmière. Elle a dû donner le meilleur d'elle-même dans ce métier tant son visage est empreint de bonté et de sérénité. Elle respire la gentillesse. D'ailleurs comme le dit si bien, le dicton : " on récolte ce que l'on sème " s'avère exact chez elle : en effet ses enfants lui prodiguent tant d'amour. Suzanna les a même félicités de cela, c'est tellement rare de nos
jours : le fait qu'elle vive avec eux reste un cas exceptionnel, Il faut le dire. Avec Mamie Lagrace-Dieu Suzanna se sent l'âme d'Amelie Poulain, en poussant le fauteuil. Elle lui décrit les choses qu'elle voit, fait des commentaires sur les pigeons, les enfants qui jouent dans le parc. Parfois seulement elle obtient une réponse, un

demi sourire, elle sait que Mamie Edwige entend et comprend même si elle ne s'exprime pas. Quelques fois Suzanna lui fait la lecture d'un de ses poèmes. Une fois Mamie Lagrace-Dieu lui a pris la main et l'a lui a embrassée. J'ai immédiatement vu que ce geste inattendu a vraiment fait plaisir à Suzanna. Elle lui caresse toujours la main ou bien la joue tendrement, comme si c'était son enfant. Dans le jardin public il y a souvent croisement entre le fauteuil roulant et les poussettes de bébé. Croisement de différentes générations, expression entre un long et riche parcours de vie presque à l'issue, et, en face, le sentier ouvert vers des d'avenirs lointains et prometteurs. L'illustration parfaite du sens de la Vie même, qui impose réflexion et respect et qui suscite toujours un sourire des personnes que l'on croise : dans les deux cas, que ce soit la poussette ou bien le fauteuil roulant, rarement l'indifférence. Il y a eu ce jour où Mamie Lagrace-Dieu n'a dit qu'une seule phrase adressée à Suzanna,
Je cite : « je suis bien avec vous. » une phrase unique mais limpide qui a immédiatement illuminé son visage. Quelle belle récompense !
 Suzanna n'étant pas venue depuis presque trois semaines pour raison familiale, mamie LagraceDieu lui dit tout à coup avec beaucoup de lucidité : « quand je ne vous vois pas, je m'inquiète pour vous, je ne sais pas ce que vous devenez. » Un éclair de conscience ? Une Grâce ? Suzanna en est bouleversée.

Mercredi 13 août
Madame Lagracedieu ne dit pas un mot aujourd'hui. Suzanna interpelle une dame qui promène ses deux petits chiens, Fanny et Gazelle. Elle les met sur les genoux de Mamie Edwige qui les caresse, les yeux grands

écarquillés. Même si aucun son ne sort de sa bouche, l'expression du visage n'est que pure délectation. Il ne faut pas grand-chose parfois.

Après une semaine d'absence Suzanna demande à Madame Lagracedieu : « vous me reconnaissez ? » Aucune réponse audible, mais un sourire qui illumine son visage qui en dit long. Du bonheur, de la gratitude. Lorsque Suzanna promène Madame Lagracedieu au square, elle voit fréquemment des papy et mamies assis, tout seuls. Et elle se dit qu'ils n'ont pas tous la même chance, hélas. Il y a tellement de gens seuls, leurs visages ravagés par la solitude et qui esquissent toujours un sourire triste lorsqu'on les croise.

 Madame Lagracedieu s'affaiblît jour après jour et part bientôt aussi en maison de repos. Son contrat est terminé. Suzanna se « blinde » car les départs définitifs sont toujours très douloureux.

Elle préfère rester sur ces beaux moments inoubliables, c'est une manière de " s'auto- préserver. "

X.   Cinq heures hebdomadaires avec son Papy
préféré, Monsieur Aimé

Suzanna lui attribue ce surnom tant elle le trouve adorable,
si gentil, il respire l'amour.

Monsieur Aimé est un "Grand Monsieur" pour Suzanna. Il
est vraiment adorable du haut de ses quatre-vingt-dix ans.
Il est très lucide, toujours égal à lui-même, rien ne peut le
contrarier, chez lui règne la bonne humeur en permanence.
Juste quelques légers problèmes d'élocution et une surdité
plutôt accrue qui lui portent parfois légèrement sur le
système. Ensemble, qu'est qu'ils rigolent : Il a un humour
décapant. Cela malgré la vie qui ne lui a pas laissé un
"héritage" des plus faciles : en effet il s'occupe jours et nuits
de sa femme qui est alitée au domicile depuis sept ans :
elle est victime d'une atrophie musculaire chronique, un
calvaire commun en quelque sorte, pour les deux.

Dès qu'elle arrive Suzanna voit le visage de Papy Aimé
s'illuminer jusqu'aux oreilles et il en est, de fait, de même
pour elle : elle est heureuse du bonheur qu'il lui manifeste.
Elle a grand plaisir à venir chez eux. Peut-être justement
parce qu'ici elle se sent à son aise comme chez elle, c'est
comme si elle rendait visite à ses propres parents. Bien des
choses d'ailleurs lui rappellent sa petite enfance : une
simplicité extrême dans un confort succinct, le mobilier
souvent de récupération, l'évier en pierre avec la bassine
pour la vaisselle, les cadres, les bibelots identiques comme
cette boîte à musique qui semble défier le temps, l'odeur
des chiens aussi. La différence c'est qu'on est quarante
ans plus tard, en plein centre de Toulouse. Personne ne
soupçonnerait jamais l'existence, aujourd'hui, d'un habitat
aussi insalubre au cœur d'une si grande ville, alors que la
maison de Suzanna elle, se trouvait en pleine campagne.

Février, il fait encore froid. Leur maison n'est pas du tout
isolée. Ce matin, quand elle arrive, il grelote, il se plaint et
lui dit : « j'ai froid, je suis gelé, elle marche pas la chaudière
encore ! »
En effet, cela fait plusieurs fois qu'elle s'éteint subitement,
sans explication. Suzanna fait venir un professionnel qui lui
dit textuellement qu'il y a danger d'asphyxie compte tenu
des déperditions de gaz récurrentes. Elle obtient un
rendez-vous en urgence et quelques jours plus tard la
chaudière est changée. Pour dire que personne ne s'est
soucié du problème avant, alors que enfants et petits-
enfants vivent à deux pas. Sans commentaire !
Histoire similaire avec le docteur : ce dernier est nouveau
dans le secteur. Il arrive, il ausculte très rapidement le
couple, s'assoit et rédige, ou plutôt « recopie » les deux
ordonnances bien garnies. Il empoche au passage un
chèque de 60 euros. Il est resté neuf minutes exactement,

Suzanna a chronométré, elle est scandalisée. D'autant plus quand elle s'aperçoit que dans leur placard ils ont dix-huit boîtes d'un même médicament qu'il a marqué sur l'ordonnance. Oui, dix-huit boîtes ! Elle s'empresse d'aller à la pharmacie et, avec accord de la famille se fait conseiller un nouveau médecin. Un médecin beaucoup moins vénal et bien plus humain, apparemment. J'ai l'impression que Suzanna voudrait refaire le monde tant ces abus la révoltent. Elle fait de son mieux, mais autant dire que seule, c'est peine perdue : il y aurait tant à faire, à stigmatiser au grand jour, sur cet immense lobby pharmaceutique alimenté par le biais des personnes âgées…

Ils ont deux chiens de compagnie que Monsieur Aimé appelle "Fiston' lorsqu'il leur parle. C'est trop mignon. Parfois il les entraine à "chanter" ce qui leur fait un petit passe-temps agréable, et Suzanna se prend à leur jeu aussi. Du bonheur, à l'état pur.

Leur maison a beau être très bien située, elle n'en est pas moins très inconfortable, insalubre et limite au niveau sécurité et hygiène. Ils demeurent en fait au premier

étage où l'on y accède par un escalier en colimaçon. Monsieur Aimé souffre beaucoup des jambes et de ce fait ne sort quasiment plus de sa maison. Dès qu'il y a un rayon de soleil il rêve d'une promenade et quand elle le peut Suzanna l'accompagne faire le tour du quartier, et là, qu'est qu'il est heureux cet homme ! Cependant ils évitent de le dire à sa femme qui elle ne pourra plus jamais remettre le nez dehors. Qu'elle tristesse ! Elle ne cesse de dire qu'elle s'ennuie, ce que l'on peut comprendre aisément : peut-on s'imaginer être cloué au lit, jour et nuit, pour le restant de sa vie ?

De temps à autre Monsieur Aimé manifeste son ardeur pour accompagner Suzanna faire quelques courses au magasin de quartier. Bras dessus, bras dessous, il leur faut environ "trois heures" car d'une part il marche à deux a l'heure, et d'autre part, il connaît tous les gens du quartier qui prennent tant plaisir à le saluer respectueusement en échangeant quelques paroles amicales. En effet Monsieur Aimé a été le boucher de quartier durant de longues années et visiblement il était un commerçant très apprécié. Apparemment il en est de même aujourd'hui, le voisinage le considère toujours avec autant de respect, et ces échanges semblent rendre Suzanna si heureuse. Dès que Monsieur Aimé croise un enfant il ne peut pas s'empêcher de lui dire un petit mot gentil, ce à quoi aucun gamin ne reste insensible.

Les commerçants du coin lui confèrent toujours aussi un accueil des plus chaleureux, et j'entends souvent une phrase telle que -" et tu en as oui, "une pépée" jeune et jolie. Tu en profites oui, et tu as bien raison ! " ce qui ne manque pas de faire marrer Suzanna intérieurement. Dès que l'occasion se présente elle lui concocte un petit plat pour le soir, surtout quand elle entend cette phrase, un peu comme un appel au secours : « et j'en ai marre maintenant, qu'est qu'il faut faire à Bouffer ? J'en ai marre des conserves ! » Ce jour où elle lui a préparé un riz au lait maison, à l'ancienne, elle était aux anges lorsqu'il lui a déclaré en léchant la cuillère et en raclant la casserole : « tu vois, ma jolie, c'est comme ça que je faisais quand j'étais petit, avec mon frère, à grandes lampées. Ça me rappelle ma jeunesse. » Quel bonheur que de le voir heureux, un large sourire inondant son regard.

Le jour aussi où elle lui a proposé un gratin de choux fleur, il le dévorait déjà des yeux lorsqu'elle le préparait. Il lui a même téléphoné lors du weekend pour lui dire qu'il avait apprécié. Encore là, que du bonheur. En tant qu'ancien boucher il rêve aussi d'un bon pot au feu. Suzanna lui

préparera aujourd'hui avec amour et attention. Suzanna est souvent là à l'heure du goûter et elle arbore toujours ce petit sourire intérieur en observant Monsieur Aimé beurrer les biscottes pour sa femme avec tant d'amour. Pourtant Madame Aimé lui fait souvent la vie dure, le pauvre ! Sûrement à cause de son handicap, elle l'appelle et le sollicite sans arrêt. Bien sûr elle s'ennuie. Dès qu'elle ne le voit plus elle demande inlassablement à Suzanna : « qu'est - il fait mon mari ? Dites-lui de venir, qu'il me porte une cigarette... ! » La cigarette, c'est son seul passe-temps. A l'autre bout de la maison, Suzanna capte ses cris désespérés pour qu'on vienne la voir. Elle dit à Monsieur Aimé : - elle vous appelle votre dame. Ce à quoi il répond systématiquement en riant : « j'ai de la chance, je suis sourd, je l'entends pas ! » Un petit prétexte pour se libérer de ce cycle infernal, de cette routine journalière incessante. Quand elle les quitte, Madame Aimé toujours souriante, égale à elle-même répète toujours la même formule « -' qu'est qu'on est aujourd'hui ? C'est lundi ?
Je vous vois pas avant jeudi alors ? Dites à mon mari qu'il vienne, dites-lui que je m'ennuie. » Suzanna tourne le dos avec tant de peine au fond d'elle-même mais il n'y a pas d'autre choix, hélas. Ce matin, Monsieur Aimé a été hospitalisé, il est apparemment dépassé, et surtout très fatigué. C'est vrai que cette situation est lourde et épuisante pour lui. Lorsque Suzanna retourne chez eux, elle sent ce vide immense l'envahir. Même les chiens ont l'air si triste. Madame Aimé est là, seule dans son lit, inquiète. Soudain, leur fille, qui habite à l'autre coin de rue, arrive accompagnée par deux brancardiers. Elle vient récupérer sa mère pour pouvoir s'en occuper chez elle ce qui est tout à fait logique. Mais Madame Aimé s'y oppose fortement par des cris et une crise de tétanie qui crèvent le cœur à Suzanna qui essaye tant bien que mal de la

rassurer face à des méthodes plutôt directes sans la moindre once d'empathie. Réalise-t-on seulement que l'on manipule une personne âgée, handicapée, sans même l'avertir auparavant, sans aucune concertation au préalable ? C'est choquant cette manière de faire, car Madame Aimée a toute sa tête encore.

Suzanna va voir Monsieur Aimé plusieurs fois à l'hôpital et passe quelques minutes avec lui en le faisant marcher. Il recouvre le sourire et lui dit qu'il en a marre de,
je cite : « bouffer des carottes cuites à l'eau" ! » Enfin après trois semaines il réintègre sa maison. Mais il est exténué. Il a très mal aux jambes. En fait, il ne le sait pas, mais on lui a détecté une maladie incurable. Suzanna en est évidemment très bouleversée. Elle choisira dès lors de lui prodiguer tout le bonheur possible qu'elle peut lui donner. Elle lui fera plaisir sans aucunes limites. Elle veut lui faire profiter de la vie qui lui reste sans restriction aucune. Il vient de recevoir un fauteuil roulant qu'on lui a alloué pour ses promenades. Suzanna l'entraîne en faisant le tour du quartier : il revit : Que du bonheur, si on peut dire. On se croirait dans le film "intouchables" .

Mardi 12 août

Le frigo de Monsieur Aime étant presque vide, et la huche à pain débordant de pain rassis, Suzanna entreprend de leur concocter une petite gâterie pour leur quatre heures: deux œufs, du lait, un peu de sucre, une noisette de beurre et voilà un résultat bien alléchant : un pain perdu à l'ancienne, bien arrosé de rhum. Apercevant la bouteille, Monsieur Aimé lui dit à l'oreille : « tu peux en mettre de ça oui, y'en a jamais assez ! » Le lendemain elle demande à Monsieur Aimé si c'était bon, ce à quoi il répond radicalement "Non" avec une vraie tête de dégoûté. Dès qu'il voit la mine décomposée de Suzanna qui le prend au premier degré, il rajoute en riant : « mais non, ma jolie, c'était Extra !». Après quelques secondes, éclats de rire communs. Suzanna l'adore ce papy, comme s'il s'agissait de son propre papy. Une voisine que je nommerai langue de vipère, a été rapporter à la direction de sa boîte que le ménage n'était pas fait, qu'il y avait des "moutons" sous le lit. Bien évidemment Suzanna s'est fait remonter les bretelles par sa responsable. De toute façon malgré la meilleure volonté des aides ménagères, l'endroit est tellement insalubre qu'il ne paraîtra jamais propre. Pour faire un test, quelqu'un, a mis une petite cuillère sous le lit. Incroyable ces gamineries ! Suzanna et ses collègues sont outrées de ce comportement car elles ont bien compris, elles, que ce qui est primordial pour ses gens-là, c'est l'attention, l'affection, plutôt qu'un intérieur briqué de toute part. Il est vrai que côté hygiène ça craint vraiment, chez eux, et que, à la limite, ils ne devraient même pas vivre dans ce logement insalubre. Pour quelqu'un qui a des problèmes respiratoires ce n'est pas très sain. Il y a bien des personnes qui n'accepteraient pas de travailler dans de telles conditions. Poussières, poils et odeurs de chiens, invasion de puces de plancher, déjections, c'est vraiment nauséabond. Des hectolitres de javel sont employés : la situation est toujours identique. Mais que faut-il faire ? Placer ces pauvres gens en institut, ce qui réduirait rapidement leur échéance de fin de vie, ou bien s'occuper d'eux avec dévouement, amour, et humanité en fermant les yeux sur le contexte et leur environnement ? Bien sûr, on pourrait être accusé de maltraitance, de non-assistance à personne en danger, mais là, il faut voir cela avec la famille. Nous, nous ne faisons que notre travail. J'opte pour la deuxième solution tant qu'ils sont autonomes médicalement. Il faut considérer que Monsieur et Madame

Aimée ont toujours vécu ainsi et ici chez eux, et souhaitent y rester le plus longtemps possible, voire y finir leurs vies. C'est peut-être là, d'ailleurs, la condition ultime de leur longévité. C'est un peu comme ces peuples d'indigènes que l'on veut absolument occidentaliser, ce qui en général les perturbe plus qu'autre chose parce qu'ils sont incapables de s'adapter à ces changements radicaux et extrêmes. Je crois que l'on devrait analyser le sens du mot tolérance en profondeur...

 Récemment, Suzanna, autorisée par sa boîte, a fait venir un pédicure à domicile. Elle s'est fait conseiller par Mamie Bigoudine chez qui elle va depuis plusieurs années. Déjà lorsque ce Monsieur arrive, elle sent comme un malaise. Il observe tout d'un air attentif. Il s'assoit, top chrono, coupe les ongles du Papy à sec en dix minutes exactement sans lui prodiguer aucun autre soin, sans même sortir un tube de crème. Il se lève et dit, d'un ton intempestif comme si cela avait été une corvée : -" ça vous fait cinquante euros. « Suzanna est sidérée, à tel point qu'elle s'exclame - : déjà c'est fini ?" Alors là ! Faut-il que ce Monsieur n'ait pas la conscience tranquille, car il devient tout à coup écarlate, il se met sur la défensive et déblatère des propos insultants contre Suzanna. Excédée elle dit d'un ton tout à fait
naturel : -" donnez-moi votre paire de ciseaux, et je vais mieux gagner ma vie c'est sûr ! À raison de cinquante euros en dix minutes, je me reconverti immédiatement, mais je préfère l'honnêteté toutefois. " Elle reste calme et son stoïcisme le déconcerte totalement. Il dit : -" et surtout ne me rappelez pas, jamais je ne remettrai les pieds ici !». Ce à quoi elle répond du tac au tac : - " n'ayez craintes, cela ne se produira pas ! " Puis, sur un ton très pédant il demande à Suzanna de lui ouvrir la porte en lançant : « je ne voudrais pas attraper une maladie en touchant la poignée. » Il menace Suzanna en lui disant qu'il portera

plainte. Mais quand bien même cela ne lui fait aucunement peur car elle n'a rien à voir avec cette situation. Dès qu'il tourne le dos, elle craque, elle ne supporte pas de s'être fait insultée de la sorte. Elle en informe sa responsable qui la soutient totalement. La fille de Monsieur Aimé fait opposition au chèque car elle estime aussi que c'est du vol. Effectivement, ce charlatan ne devait pas vraiment avoir bonne conscience puisqu'il n'a aucunement contesté les reproches qui lui ont été adressés. Mais comment peut-on en arriver à escroquer les gens pareillement, car oui, Suzanna estime que c'est du vol manifeste, et aussi de l'abus de faiblesse sur personne âgée ! C'est purement scandaleux et ça mérite d'être dénoncé. De plus, la plupart des personnes âgées payant en espèces, c'est du « tout bénef ! » Mais la roue tourne. Les choses se savent vite. Madame Bigoudine a aussi déploré un peu plus tard, que ce monsieur n'était pas très aimable, proche de ses sous, mais qu'elle continuait à aller chez lui simplement pour raison de proximité. Quand il l'a revue, Mamie Bigoudine a avoué qu'il a essayé de lui tirer "les vers du nez" pour en savoir plus sur l'identité de Suzanna mais Mamie Bigoudine n'a jamais lâché un mot sur elle. Elle a joué l'innocente jusqu'au bout. Et ça Suzanna lui en est très reconnaissante et lui fait confiance. Elle est chouette Mamie Bigoudine, on peut compter sur elle. Le comble de l'histoire : -" Suzanna va chez Papy Richard juste après pour sa prochaine prestation. Soucieuse de remplacer cet individu mal intentionné par un vrai professionnel pour Monsieur Aimé, elle demande à tout hasard à Monsieur Richard s'il ne connaît pas un pédicure. Et voilà qu'il lui répond : « - j'en connais un, oui, dans ce secteur. Mais je ne vous le recommanderai surtout pas. Deux fois il a tenté de m'escroquer et la troisième fois mon fils l'a foutu dehors ! » Après quelques petits échanges, Suzanna en conclu qu'il s'agit belle et bien du même prestataire. Incroyable tout de même ! Comme quoi il n'a plus à faire sa réputation. Ça démange Suzanna de dénoncer un escroc pareil à la répression des fraudes : elle ne le fera pas car elle estime que justice se fera elle-même. Tout argent gagné malhonnêtement ne rapporte jamais, c'est bien connu.

Mardi 08 septembre.

Un des deux chiens de Monsieur Aimé est devenu squelettique et souffre terriblement. Le vétérinaire vient le chercher. C'est très dur pour Monsieur et Madame Aimé de se séparer définitivement de leur animal de compagnie. Il leur en reste un, heureusement mais qui a l'air si malheureux car il a semble-t-il bien compris la situation. On dit aujourd'hui que les animaux ont une conscience, chose que j'ai toujours défendu depuis toujours.

Avec ces grosses chaleurs, Monsieur Aimé est mal en point et il est hospitalisé une nouvelle fois pour une déficience cardiaque. Le cas de Madame est aussi très complexe puisqu'elle ne peut absolument pas rester seule. Les infirmiers tentent de la placer en institut mais elle refuse. Sa fille est partie deux semaines à l'étranger. Informée de la situation, elle ne change pas ses plans et ne reviendra comme prévu, que dans six jours. La petite fille (de plus de vingt ans je précise) est là, désemparée. Elle promet de s'occuper de sa grand-mère. Cependant, Il se trouve que cette dernière à passé la nuit seule. Inimaginable. Suzanna, scandalisée, se serait bien portée volontaire pour la nuit mais pas dans de telles conditions de salubrité et aussi pour ne pas cautionner le fait que la petite fille a déclaré forfait, sans remords. Il s'agit pourtant d'abandon. Suzanna est écœurée.

Le surlendemain, en montant l'escalier Suzanna appréhende : que va-t-elle trouver ? Une maison vide ? La voilà quelques peu rassurée : Madame Aimée est là. Cependant, elle est choquée par le coup de fil de la voisine. En effet c'est elle qui a fait déjeuner Madame Aimee ce matin, et cette dernière n'avait vu personne depuis hier 15 heures ! Mais où est donc la petite fille qui avait promis de s'occuper de sa grand-mère ? Cela mériterait presque la dénonciation, car il s'agit bel et bien de non-assistance à personne en danger. C'est grave. Là, je tire mon chapeau à cette brave voisine qui est si présente dernièrement ; elle est excédée et exténuée aussi, on peut la comprendre. A noter que la petite fille à quand même pris le chien chez elle ! Je vais faire de l'humour déplacé mais j'espère juste qu'elle s'en sera mieux occupé que de sa grand-mère… Mais je n'en doute pas, il aura certainement eu un meilleur traitement. Parfois, on a du mal à comprendre les
humains : ils peuvent être abominables envers leurs proches. La fille, que la voisine a tentée de mettre au courant lui aurait même dit au téléphone, (je cite) : -" ce n'est pas grave qu'elle ne mange pas ce soir ma mère, puisqu'elle n'a pas voulu partir à l'hôpital, elle mangera mieux demain. " Aberrant' ! Bien que Madame Aimée lui dise qu'elle n'a pas faim, Suzanna reste à ses côtés pour le repas et l'incite à manger. Elle lui prépare une banane flambée. C'est terrible. Que va-t-il advenir de ces pauvres gens ? Méritent-ils un tel sort ? Est-ce un karma ? Monsieur Aimé devrait rentrer dans deux jours à priori, mais il ne pourra plus s'épuiser à s'occuper de sa femme. Sa maladie est en évolution rapide. Suzanna passe le voir à l'hôpital et ça le rend heureux, le temps de boire un café avec lui. Bien sûr elle ne lui dit rien du sort de sa femme pour le préserver. Elle n'a toujours pas revue sa petite fille depuis deux jours. On se demande comment c'est possible.

Monsieur Aimé semble épuisé moralement. Suzanna part le cœur gros.

Lundi 15 septembre

Suzanna est atterrée à la suite d'un nouvel appel de la voisine. Madame Aimée n'a pas mangé du tout hier car elle n'a encore une fois, vu personne de la journée.

Scandaleux ! Mais que faut-il faire ? Comment peut-on traiter ses propres parents-grands parents de la sorte ? Notre entreprise ne peut pas se substituer totalement à la famille et encore moins gérer leurs absences ponctuelles et répétées. Monsieur Aimé réintègre sa maison aujourd'hui et c'est mieux ainsi car ses "jours" sont semble-t-il comptés, ou bien est-ce que cela sera quantifié en semaines, en mois ? Dieu seul le sait. Alors autant qu'il soit chez lui et près de son épouse. Lorsqu'il arrive dans la chambre Suzanna partage avec eux ce moment merveilleux : sa femme le dévore des yeux, un sourire radieux illumine son visage, et ils s'embrassent avec un vrai baiser plein de tendresse, comme deux jeunes amants. En tout cas Suzanna a décidé de lui apporter tout le meilleur qu'elle pourra lui donner. Elle ne veut pas penser à la suite, il va trop lui manquer son papy préféré.

Mardi 16 septembre

Monsieur Aimé l'invite à manger avec lui. Outre le gros souci d'hygiène et le repas très simple et frugal Suzanna se régale de ce merveilleux moment. Du bonheur à l'état pur. Le meilleur de la simplicité. Tout se lit sur leurs visages.

Lundi 22 septembre

Suzanna constate qu'en quatre jours Monsieur Aimée à bien maigri. Il chercher beaucoup ses mots aussi. Ça lui fend le cœur. Il dit qu'il en a assez. Bien sûr il se sent diminuer, le pauvre, ça doit être affreux. Suzanna l'entoure de toute la tendresse qu'elle peut lui donner avec dévouement et compassion, espérant qu'il ne souffre pas trop car ce n'est pas le genre de personne à se plaindre.

Vendredi 26 septembre. Suzanna va prendre quelques jours de vacances et l'annonce à Monsieur Aimé en le ménageant un peu car elle sait qu'elle va lui manquer. D'ailleurs, il lui répond juste par une moue "patibulaire". Elle rajoute : « ça va aller, oui ».
 Il renchérit : « ça, je sais pas, j'en ai marre maintenant ». Elle le quitte, il lève le bras pour lui dire aurevoir, comme un signe "prémonitoire d'adieu". À ce moment précis, Suzanna sait qu'elle ne le reverra jamais vivant.

Jeudi 09 octobre

Elle le savait, elle ne s'est pas trompée, hélas. On lui annonce le décès le lendemain de son retour de voyage ; Un petit clin d'œil, comme pour lui permettre de l'accompagner vers sa dernière demeure. Il va tellement lui manquer son papy préféré. Elle est si triste.

Lundi 13 octobre

La cérémonie se déroule sous un soleil radieux, symbole de son caractère jovial. Suzanna n'aurait pu concevoir de ne pas être là pour un dernier adieu. Elle a même le privilège d'être au plus proche de la famille et va le voir en chambre mortuaire. Il est beau, comme s'il souriait, enfin libéré. Sa petite fille remercie Suzanna d'être là, lui dit que c'est ce qu'il aurait souhaité. Elle n'a entendu que des éloges à son sujet. Elle lui est très reconnaissante. Suzanna reste modeste mais si heureuse au fond d'elle-même, d'avoir côtoyé ce petit couple admirable. C'est vrai, un vrai lien s'était créé naturellement entre eux. Dans son cœur, il demeurera toujours vivant.

Le plus dur est de retourner dans leur maison, ce vide immense, son chien qui capte tout... L'absence... On ne sait pas vraiment si Madame Aimée réalise. Elle se focalise constamment sur l'autre chien restant et ne se prononce aucunement sur son mari.

Sa fille l'a rapatriée dans un petit studio bien plus confortable en bas de chez elle. Suzanna ne peut s'empêcher de penser qu'ils auraient dû être là, elle et son mari, depuis bien longtemps... A ce jour, Madame Aimée est toujours aussi seule, juste un peu plus près de sa fille, certes. Elle a perdu tout appétit et quand on lui dit : -" il faut manger Madame Aimée, sa seule réponse est : -" j'ai pas faim, pour ce que je fais vous savez, comment voulez-vous que j'ai faim ? ". Elle est si chétive, elle n'a que les os et la peau. Elle répète à longueur de journée : -" j'en ai marre !".

Elle ne survivra que quelques mois à son cher époux, ainsi-soit-il.

XI.　Deux heures tous les jours avec Mamie Claudine

C'est une mamie adorable Mamie Claudine, sa fille aussi est très gentille. Elle installe pour sa maman une aide quotidienne car Claudine est physiquement bien, parait plus jeune que son âge, mais, hélas, depuis la mort de son mari, elle a complètement perdu pied et a tous les signes de la maladie d'Alzheimer. Elle est comme perdue, semble souvent être ailleurs, se répète à longueur de journée, n'a plus aucune mémoire. Elle n'est plus capable de se faire à manger, donc ce sera la mission principale de Suzanna ainsi que de la faire sortir un peu aussi. Le mardi, elles vont au marché où Claudine semble retrouver tous ses sens : elle hume les bonnes odeurs, son visage arbore un large sourire, parfois même elle parle quelque peu aux commerçants. Suzanna adore cette petite mamie, si calme, si douce, et ses moments privilégiés en sa présence. Tout cela ne durera pas très longtemps hélas car Mamie Claudine intégrera une maison de retraite rapidement, c'était prévisible. Elle lui rendra visite une fois où deux, mais Claudine, hors de son contexte ne l'a reconnaît plus. C'est trop triste pour Suzanna. Elle préfère garder en mémoire ses belles heures passées ensemble, intactes.

XII.   Chez Monsieur et Madame Dulac

C'est surtout Madame qui a besoin d'aide, de soutien,
dirais-je. Son mari est atteint d'un cancer dû à l'amiante
professionnelle et il le vit très mal car la maladie l'a frappé
alors qu'il était juste à la retraite. Du coup il est irascible et
c'est sa femme qui trinque. Elle a besoin de sortir un peu,
aussi SuzÀ deux reprises Madame Dulac échappe un "tu"
et Suzanna sent bien que cela la démange de la tutoyer.
Elle la met à l'aise en lui soufflant à l'oreille : -" vous pouvez
me tutoyer, ça me fait plaisir. Dépêchez-vous avant de
prendre les mauvaises habitudes. " Cette fois, c'est acquis
pour de bon.

Mardi 24 mars
Monsieur Dulac a un rendez-vous médical et sa femme
veut l'accompagner. Le fils s'y oppose car il ne veut pas
qu'elle sa mère se fatigue. Il passe au domicile sans

prévenir et là, Suzanna assiste, impuissante, a une scène de famille dans une agressivité qui pourrait bien aller jusqu'à la violence. Elle est très mal à l'aise et cela se lit sur son visage. Bien sûr elle reste neutre.

Elle trouve que le fils n'a aucun sens d'empathie, et qu'il est maladroit face à sa mère, qu'il veut pourtant protéger. C'est terrible. Tout le monde lève la voix et parle en même temps dans une incompréhension totale. Le fils part, très énervé, menaçant même de ne plus revenir. La mère sombre dans la peine et commence à pleurnicher : « non, ne nous laisse pas comme ça. » Suzanna est bouleversée par cette situation. C'est plus fort qu'elle mais naturellement, intérieurement, elle ne peut s'empêcher de penser que c'est le fils qui n'est pas dans le vrai, ne serait-ce que par sa façon de parler à ses parents. Il semble avoir quelques comptes à régler avec son père et gronde même sa maman parce qu'elle est allée chez le coiffeur. Mais pourquoi les enfants ont-ils se besoin de main mise sur tout, par rapport à leurs parents, surtout quand ces derniers sont encore aptes à réfléchir par eux-mêmes. Pourquoi toujours les infantiliser par une attitude dénigrante et rabaissante ? L'aspect financier n'est sans doute pas anodin bien entendu, mais est-ce tolérable de contrôler sa mère pareillement, de l'engueuler parce qu'elle a osé aller chez le coiffeur ? Où est la dignité là-dedans ? Puis, dans la foulée, Il la menace également de lui supprimer sa carte de crédit et lui interdit de faire des courses en fin de semaine. Pourtant, lorsqu'elle arrive le vendredi suivant Suzanna constate que le frigo n'est pas très rempli pour cette fin de semaine. Le fils ne s'est pas soucié de savoir si ses parents avaient suffisamment en réserve. Il a juste vu le côté financier. Suzanna ne sait quoi faire et en est dépitée. Madame Dulac lui dit : -" peut être j'irais voir chez le boucher du quartier demain". Suzanna ne sait quoi lui répondre... C'est triste. Elle préfère la laisser dans cette alléchante perspective.

Le mari de Madame Dulac est hospitalisé depuis une semaine, probablement en soins palliatifs. Depuis une semaine Madame Dulac n'a pas mis le nez dehors. Elle tourne en rond dans l'appartement, n'a plus trop le goût de manger. A ce jour elle n'a toujours aucune nouvelle de son mari. Aujourd'hui le frigo est plein. Son fils lui a fait ses courses sans se poser la question de savoir si cela lui faisait plaisir de les faire elle-même. En principe la prestation prévue le vendredi avec Suzanna était dans le but de faire sortir Madame Dulac pour qu'elle se change les idées. Suzanna est vexée, en colère même de voir comment les enfants peuvent en arriver à isoler leur parent socialement et les couper de tout liens extérieurs. C'est lamentable. Suzanna est d'autant plus furieuse lorsqu'elle entend le fils dire à sa mère que son mari a demandé pourquoi sa femme ne venait pas le voir aujourd'hui. Il dit textuellement à sa mère : - " eh bé tu as qu'à y aller en bus, je vais me renseigner pour les horaires. " Scandaleux ! Madame Dulac a quatre-vingt-deux ans ; elle est perturbée par l'état de son mari qui en est visiblement à ses derniers jours. Son fils ne trouve rien de mieux que de la laisser se débrouiller en bus de ville, avec minimum trois quart d'heure de trajet. Il possède pourtant une voiture. Suzanna tente juste de dire qu'elle peut accompagner sa mère au moment de sa prestation. Le fils lui assène un "NON " assez catégorique qui ne lui laisse aucune chance pour une quelconque explication. Madame Dulac reste là, inerte et passive, ne sachant que dire. Elle semble craindre son fils. Elle est tétanisée. Suzanna ne comprend pas que les enfants de parents âgés ne puissent pas être un minimum à leur écoute. Cela lui paraît si évident pourtant : juste une question de bon sens et, d'amour peut être aussi.

Quelques jours plus tard, Suzanna réussit, malgré les hostilités du fils, à accompagner Madame Dulac rendre visite à son mari à la clinique. Ce dernier est très affaibli et pleure. C'est triste. Sa femme décontenancée, lui assène, comme à un gamin, je cite : « mais faut pas pleurer comme ça. Si tu pleures je ne reviens pas te voir. » Elle ne se doute pas à ce moment-là, hélas, que c'est la dernière fois qu'elle le voit. Il décèdera deux jours après. Le fils ne se rend pas à la sépulture. Son motif ? : Il travaille. Sans commentaires. Qu'elle honte ! On ne devrait pas juger, mais on peut malgré tout dire qu'une telle attitude est lamentable. Il ne faut pas oublier que la roue tourne, et parfois on a envie de dire : il ne perd rien pour attendre... Certainement de vieux comptes à régler dans cette famille. La belle-fille n'est guère plus aimable. Madame Dulac semble soulagée mais n'a pas l'air de réaliser totalement la disparition de son mari. Suzanna retournera la voir à plusieurs reprises avant que son fils ne la « mette » rapidement en maison de retraite, sans une once de tendresse, incapable de la prendre en charge. Mais d'après ce que j'ai vu, cela semble préférable pour sa mère ... Pauvre femme ! Elle y mourra certainement très vite, oubliée des siens, j'en mets ma queue à couper...

XIII.   Un remplacement de 1 heure avec Madame Reine Marguerite

Une perle, cette dame de 92 ans. Suzanna la nomme ainsi car elle adore la Reine Mère et qu'elle porte des chapeaux sur toutes les photos. Le courant passe immédiatement entre elle et Suzanna. Elle est apparemment d'une famille assez aisée mais d'une simplicité extrême. Elle est semble-t-il bien entourée par sa famille, elle a onze petits-enfants. Elle est fière de montrer à Suzanna les photos et les albums de famille qui témoignent d'un amour filial et familial inégalable. C'est beau. Madame Reine Marguerite est très lucide et très alerte aussi. Suzanna lui prépare son repas et lorsqu'elle s'en va lui dit naturellement - " ça m'a fait plaisir de vous connaître, si j'en ai l'occasion je reviendrais vous voir." Reine Marguerite répond : - oui, à moi aussi ça me fera plaisir. Puis elle rajoute un détail qui honore Suzanna : - " vous savez, je ne les montre pas à tout le monde mes photos ! " .

 Le seul bémol est que Reine Marguerite habite à l'opposé du secteur de Suzanna. Hélas, elle n'aura pas l'occasion d'y revenir.

XIV.   Quatre heures hebdomadaires chez Madame Desrat

Lorsque Suzanna a mis les pieds la toute première fois chez Madame Desrat elle a bien cru que c'était la première mais aussi la dernière fois : en effet Madame Desrat avait l'air d'une petite sorcière, toute courbée, vêtue de noir... Ceci n'est en rien péjoratif je le précise car depuis chaque fois qu'elle y retourne Suzanna a le plaisir de la voir tout apprêtée, coquette même, agrémentant sa tenue le plus souvent colorée, avec un chapeau, un foulard, un petit collier, et d'ailleurs, Suzanna ne manque jamais de la complimenter, ce à quoi elle répond presque toujours : - "je sais, je suis jolie, c'est important d'être jolie.- Presque chaque fois aussi, elle fait également une remarque agréable à Suzanna en lui disant qu'elle s'habille avec goût. Suzanna apprendra bientôt que Mamie Desrat travaillait dans la confection ce qui lui permet de mieux comprendre cette attention délicate . Un bon fluide passe entre elles deux. Le premier jour, sa maison était imprégnée d'une odeur de chien très prononcée, voire insoutenable. Suzanna découvre en effet que cette dame n'a pour seule compagnie son berger Belge qu'elle appelle "kiki". Suzanna a nettoyé un placard de cuisine plein de crottes de souris. Et elle a même trouvé un rat mort dans une bassine d'eau souillée. L'horreur. Des détritus jonchent le sol de la cuisine car il semblerait que Mamie Desrat ait pour habitude de jeter tous ses déchets alimentaires par terre. Nauséabonde ! A plusieurs reprises Suzanna a cru tomber dans les pommes en ramassant quelques matières suspectes du bout des doigts d'une main et se bouchant le nez de l'autre. Je vous laisse imaginer. L'évier était bouché, sans doute depuis plusieurs mois et personne n'avait encore fait le nécessaire. Un tas de vaisselle infecte était amoncelé dedans dans une eau croupissante. Je ne vous parle pas de l'odeur. Je dois toutefois souligner que Mamie Desrat a un brin de famille à quelques kilomètres de chez elle. Suzanna était là lorsque le plombier est venu. Tout comme elle, il a failli repartir aussi vite qu'il était arrivé en voyant le chantier. Face à ce spectacle immonde, il est devenu agressif, grossier, voire irrespectueux à l'égard de Madame Desrat. Celle-ci ne s'est pas laisser impressionner et lui a asséné sèchement, avec juste raison à mon sens : « il vous faudra noter le sens du mot "respect" Monsieur, dans votre répertoire ! » Suzanna est restée scandalisée de voir le comportement que certaines personnes peuvent adopter face à des situations peu courantes et souvent hors normes, qui dérangent semble-t-il, tant c'est immonde !

Durant l'une de ses toutes premières interventions Suzanna se souvient de cette situation particulièrement épique : elle amène cette mamie faire quelques courses, et, à leur retour comme nous sommes au mois de novembre il fait nuit de bonne heure. Mamie Desrat lui dit alors : " attendez, je vais "nous éclairer". Elle se dirige alors vers la cuisine, à tâtons dans le noir et sous l'œil sidéré de Suzanna, ouvre la porte du frigo puis celle du garage, en guise d'éclairage. Suzanna n'en croit pas ces yeux. La veille dame vit probablement depuis des mois sans ampoules dans sa maison ! Est-ce qu'elle n'a pas osé le signaler par dignité à cause du manque d'argent ? Ou bien par négligence ? Toujours est-il que Suzanna, outrée, lui promet de revenir dès le lendemain matin pour lui installer le minimum nécessaire d'ampoules dans chaque pièce ; il faut dire que toutes les pièces sont dotées d'abats jours à l'ancienne, genre chandeliers comptant chacun environ une dizaine d'ampoules. Aujourd'hui une ampoule par lustre fera l'affaire pour un confort minimal mais surtout indispensable. Suzanna, affectée par cette histoire ne cesse d'en parler autour d'elle, dans le seul et unique but de faire réagir les gens face à une telle preuve d'indifférence générale.

Mamie Desrat est sous curatelle, ce qu'elle supporte assez mal car cela porte atteinte à sa dignité, dit-elle. Elle semble blessée de cette situation : « Il faut pas y aller là- dedans, je suis quelqu'un de respectable moi, quelqu'un d'honorable, et eux, ils ne me respectent pas. » En effet une somme minime lui est attribuée par mois, et il arrive régulièrement qu'elle demande à Suzanna de lui faire quelques emplettes, l'essentiel vital, pour souvent quelques euros seulement. Suzanna a recours à sa calculette car il est impératif de ne pas dépasser le budget. Il lui est arrivé quelques fois de lui avancer quelque peu, pour acheter du pain ou du lait, la veille d'un weekend-end. Suzanna se dit qu'elle ne sera pas plus ou moins riche pour autant à la fin de la journée. Ce n'est pas autorisé par sa boite, bien entendu, et pour mettre à exécution un code déontologique qui ne considère aucunement l'être humain, il aurait fallu qu'elle laisse cette pauvre vieille dame dans un désarrois total. Cela est inadmissible de voir qu'il Il y a, chez nous, dans ce pays qui est un des plus riche du monde, des gens, des familles entières sans doute, qui n'ont même pas pour survivre le strict minimum nécessaire. Et on vous demande de fermer les yeux. Gagner de l'argent avec ces pauvres vieux, oui, car ils sont devenus une manne. Il y aura de plus en plus de travail dans cette corporation puisque l'espérance de vie ne cesse de croître. Mais surtout ne vous attachez pas à eux, ne laissez pas vos sentiments vous dominer, ayez la capacité de rester neutre, autrement dit ne pensez pas que ce sont des humains avant tout. Il y a certainement des animaux domestiques qui sont mieux traités que certaines personnes âgées ! Là en est la preuve irréfutable. Très souvent Mamie Desrat dit clairement qu'elle ne veut pas que son chien souffre de sa situation et elle dit aussi se priver elle-même pour qu'il mange à sa faim. Elle dit aussi : - "il faudra pas me l'enlever kiki ! ».

Suzanna et Mamie Desrat s'entendent bien et discutent beaucoup de religion. Mais Mamie Desrat peut être très imprévisible dans son humeur. Et ne vous avisez pas de la contrarier car si tel était le cas elle pourrait devenir très colérique et intransigeante. Suzanna appréhende toujours quelques peu quand elle arrive pour sa nouvelle prestation. Il y a eu ce jour où Mamie Desrat lui a tenue tête en l'insultant pour une banalité semble-t-il. Suzanna est restée statique, ce qui l'a bien déconcertée ensuite elle lui a dit calmement : -" je m'en vais Madame Desrat, si vous me parlez ainsi. Je reviendrais quand vous serez calmée". Et elle a belle et bien quitté les lieux après en avoir averti sa boîte. Naturellement et heureusement, cette dernière a approuvé sa décision.

Le lendemain, Suzanna avait un message d'excuses de Mamie Desrat dans sa boîte vocale.Il y a ces jours aussi où Mamie Desrat est apprêtée, cela veut dire qu'elle souhaite aller faire ses courses car cela est aussi belle et bien sa seule sortie de la semaine.

Cependant Mamie Desrat dit ne jamais s'ennuyer, elle dit que c'est une grâce. Elle dit de temps à autre : -" j'ai besoin de vous, il ne faudra pas me laisser tomber". Suzanna lui répond -" je ne vous laisserai pas tomber, je vous aime trop. " Ça vient du cœur ; au diable la déontologie ! Elle opte plutôt pour la sincérité.

Mardi 19 août

Son unique compagnon, son chien "kiki" est vieux et plein d'arthrose. Il se cache au fond du jardin dans un nid de terre et refuse de se lever. Mamie Desrat en est consciente et ne s'imagine pas le perdre un jour. Avec ses petits moyens elle fait acheter à Suzanna des boîtes de thon à l'huile pour le tonifier. Elle partage aussi avec lui ses rations de viande. Elle ferait tout pour son chien. Même sans moyens, elle a pris rendez-vous chez le vétérinaire.

Malencontreusement il se trouve que Suzanna n'a pas sa voiture aujourd'hui et cela met Mamie Desrat dans tous ses états bien qu'elle comprenne, puisque ce n'était pas prévu. Suzanna est confuse et prise d'empathie. Pour compenser, et lui éviter de payer un vétérinaire au tarif de nuit, elle lui propose de prendre un rendez-vous pour dans deux jours lors de sa prochaine venue. Au travers de quelques insultes Suzanna est soulagée, car elle comprend combien la compagnie de son chien est importante pour elle, on pourrait même dire que sa présence lui est vitale.

On ne peut pas dire que tout le monde fasse preuve d'empathie : Mamie Desrat en parle au téléphone à son tuteur en présence de Suzanna. Elle tient des propos très cohérents et la seule réponse qu'il lui assène brutalement est - je cite - : "il faudra le faire piquer votre chien, Madame Desrat ". Se rend-il compte qu'il parle à une vieille dame de quatre-vingt-cinq ans, qui vit avec pour seule présence permanente, Son Berger Belge ? C'est scandaleux cette attitude. C'est irrespectueux. Ces gens-là devraient faire preuve d'un minimum de respect et de tolérance encore plus, concernant les personnes âgées. Mamie Desrat raccroche et commente cette conversation avec désolation. Elle est outrée, tout autant que Suzanna. Toutes deux sont très en colère après ce "bureaucrate" qui ne connaît finalement pas grand-chose sur le quotidien de sa cliente. Mamie Desrat lui a placé malgré tout dans la conversation qu'après tout, c'est son argent qu'il traite, et qu'elle est libre de faire soigner son chien si besoin. On est vraiment dans une société dans laquelle compréhension et tolérance font cruellement défaut.

Mardi 26 août

Mamie Desrat dit à Suzanna, je cite : - hier au soir je l'ai vu le visiteur : Il est beau, il est gros, le poil gris clair, une longue queue... " Suzanna comprends très vite qu'il s'agit d'un rat. Vous auriez dû voir sa mine décomposée. Elle court aussitôt acheter du poison. Au retour Mamie Desrat refuse qu'elle le distribue et lui assure qu'elle le fera elle-même. Suzanna reste dubitative car elle sait que ce sont des substances dangereuses. Elle se décharge de toutes responsabilités en en informant sa boîte. Elle n 'est pas très tranquille. Lorsqu'elle revient quelques jours plus tard elle constate que le poison n'a toujours pas été distribué. Elle demande : - « vous ne l'avez pas mis le poison pour les rats ? » Mamie Desrat se met radicalement sur la défensive : « y'en a plus de rat, il est parti ! » Suzanna rétorque : " je vois encore des crottes pourtant !" Alors là, Mamie Desrat part tout à coup dans un monologue impressionnant : -" ça y est, Elle va aller chanter partout que j'ai des rats chez moi. Mais je n'en ai pas. Ils inventeraient tout pour me faire quitter ma maison. " puis s'ensuit le gros délire : -" je l'ai cuisiné, le rat ! Je voulais vous inviter mais je l'ai tout mangé. " Suzanna use de son humour pour détendre l'atmosphère et dit : - vous l'avez accompagné avec des légumes cuisinés au moins ? " Mamie Desrat ne se démonte pas : - « oui avec de la ratatouille, c'était extra ! » Suzanna reste bouche-bée et ri intérieurement, idem pour moi : je suis mort de rire dans mon "trou de rat".

Il est vrai que Mamie Desrat commande des produits frais chez un producteur local et Suzanna est épatée de voir qu'à son âge elle cuisine si bien et surtout sainement. Elle le lui dit souvent d'ailleurs. Elle la félicite. « Tant que je peux y arriver, répond-elle, je continuerai. » Là où le bât blesse, c'est du côté hygiène car Mamie Desrat a la fâcheuse habitude de tout laisser traîner, autant les déchets que les préparations. Elle ne met rien au frigo. Sur le bord de l'évier traînent des coquilles d'œufs, des bouts de charcuterie douteux, des fruits à moitié décomposés...
A se demander comment elle ne s'est pas encore empoissonnée. Le mot intoxiqué serait bien trop faible. On peut supposer qu'elle est bien immunisée, c'est certain. Elle laisse aussi par terre les emballages vides à même le sol. Il faut le voir pour le croire. Elle laisse également la vaisselle salle à l'endroit où elle prend son repas, qui n'est jamais le même d'autant plus. Je vous laisse imaginer le chantier. Pas étonnant qu'elle ait quelques visiteurs...

Vendredi 29 août

Suzanna arrive à dix heures trente. Mamie Desrat demande : « mais il est qu'elle heure ? On vit sans heure nous, avec kiki et nous avons fini de manger. » Il est vrai que chez elle il n'y a aucune pendule. Elle vit au grès du temps, à l'instinct. Aujourd'hui, pas de commissions prévues et Suzanna en profite pour faire le ménage "à fond", ce qui est un Grand mot ici... L'eau de la serpillère est noire mais noire presque épaisse, de
saletés. Comme quoi les endroits peuvent être différents : quelques fois, ailleurs, après plusieurs essorages de la serpillère, l'eau est presque limpide, contrairement à ici ! Ce matin Mamie Desrat fait « la paresseuse » dit-elle. Il est vrai que ce n'est pas dans ses habitudes de rester sur le canapé, les bras croisés, tête repliée sur elle-même.

Vendredi 05 septembre
Suzanna adore vraiment cette petite dame quand elle est entièrement lucide et bien "lunée". L'évier est encore bouché et Mamie Desrat accuse quelque peu sa femme de ménage : -" mais c'est vous qui l'avez bouché non ? " Ça, ça ne lui plait pas trop et elle l'a stoppée net en lui disant sur un ton laconique : « Mamie Desrat, ne commencez pas à être vilaine, ne me parlez pas comme ça ! » Mamie Desrat la laisse œuvrer en lui rétorquant auparavant : -" ne me vendez pas du vent, je ne suis pas idiote vous savez». Après un petit silence elle ajoute avec une note d'humour comme pour se racheter : « allez-y regardez ce qu'il a dans le gosier, le saligaud. » Ce qui fait sourire Suzanna bien évidemment. Soudain, de façon inattendue Mamie Desrat se livre quelques peu. Elle dit : -" vous savez, ça manque un homme dans une maison. Mais il avait vraiment un caractère excessif mon mari. Il n'était pas facile. J'en ai bavé, vraiment. Il avait de grandes qualités mais le caractère alors ! » Pensant qu'elle en a trop dit, elle

rajoute, avec ce petit sourire en coin qui en dit long : -" que Dieu le repose maintenant. - Bien évidemment Suzanna ne se prononce guère. Seulement un petit regard complice, pour certifier à Mamie Desrat qu'elle la comprend.

Mardi 16 septembre
Suzanna est surprise très agréablement : Mamie Desrat a tout rangé. C'était impensable chez elle. Elle la félicite et cette dernière lui dit « c'est décidé, je retourne à l'ordre, vous savez, c'était coquet avant chez moi. » Elle est très imprévisible cette mamie.
Elle dit à Suzanna de prendre une chaise et elle lui déballe tout un tas de photos en énumérant toute sa famille. Il est très difficile de penser que ces personnes aient été si entourées, si aimées à un moment de leur vie et qu'elles se retrouvent dans une telle solitude aujourd'hui. C'est pourtant un terrible constat, et il faut préciser que toutes les personnes figurant sur les photos ne sont pas décédées, la plupart d'entre elles s'étant volatilisées tout simplement. Nous avons tous dans nos tiroirs d'innombrables clichés nous raccrochant à un passé heureux. On serait tenté de dire -" qu'adviendra-t-il de nous ? Subirons-nous ce même sort ? Car aujourd'hui Mamie Desrat n'est plus guère entourée pour les fêtes de famille et est même plutôt laissée pour compte, comme tant d'autres, c'est certain. Consciente de son sort, elle anticipe déjà et dit - : je me réserve un vrai foie gras, un foie gras d'oie, deux fois dans l'année, je me fais plaisir : A Pâques, et à Noël ! " Suzanna acquiesce en lui disant : - vous avez bien raison ! - Ce à quoi elle réplique : " oui, je le mérite. Et Merde alors ! "

Vendredi 20 septembre
Mamie Desrat est en total délire ce matin ; elle en est

odieuse. Elle est persuadée d'un complot qui viserait à la mettre en maison de retraite, ou encore qu'on veuille lui voler son lave-vaisselle. Suzanna entend, faisant la sourde oreilles, ainsi les paroles insultantes envers elle ne l'atteignent guère... Voilà donc Mamie Desrat partie dans un monologue ou plus précisément un soliloque. Suzanna en vient à penser que c'est d'une tristesse de finir ainsi et implore le ciel de l'épargner d'un sort identique plus tard. Elle connaît tellement bien cette dame qu'elle fait preuve de tolérance : la veille dame lui dit entre deux insultes et deux éclairs de lucidité : - je suis vilaine aujourd'hui, c'est vous qui prenez alors que vous n'y êtes pour rien. Je sais que je ne suis pas gentille ! " ce à quoi Suzanna répond : - " je vous comprends, mais si vous continuez à me parler comme ça, je m'en vais. " En partant elle ajoute : -"soyez tranquille Mamie Desrat je ne vous en veut pas. Mais ne recommencez pas surtout. « Et elle s'en va laissant cette pauvre femme en proie à se délires. Qu'elle tristesse tout de même.

Mardi 23 septembre
Mamie Desrat est toute mielleuse certains matins, comme pour se faire pardonner de quelque chose. Elle déambule dans sa cuisine où traîne une marmite parterre.
Elle dit : - tenez moi, il faut pas que je tombe dans la marmite". Et Suzanna de répondre : « vous avez de bons légumes, j'aurais de quoi faire un pot au feu. » Ensemble elles rient de bon cœur. La dérision aide quelque fois, et fait du bien.

Mardi 21 octobre
Après quelques jours de congés quand Suzanna réintègre les lieux chez Mamie Desrat, elle trouve un endroit

sordide : ça pu, des résidus d'une étrange bouillie sur l'évier attirent une armée de moucherons, une bassine dans l'évier avec une eau croupissante épaisse. Les détritus de nourriture jonchent le sol, Mamie Desrat a dit à Suzanna qu'elle a revu le rat, mais qu'il ne faut rien dire surtout. Vous imaginez bien que c'est un terrain favorable à ce genre de bestiole ! Elle ajoute, très lucide, je cite : - c'est moi qui serais accusée s'il vous mordait, je le sais, je suis responsable, n'y allez pas dans la cuisine." Cependant, que faut -il faire ? La laisser ainsi dans cette situation nauséabonde ? Même le frigo renferme des légumes à moitié pourris et un fromage que Suzanna met à la poubelle avec des hauts le cœur tant c'est infect. Mais comment ne s'est-elle pas encore intoxiquée cette femme ? Suzanna est triste, tiraillée entre l'acceptation et la dénonciation. C'est lourd psychologiquement. Elle en dit deux mots au pharmacien de Mamie Desrat espérant trouver un quelconque réconfort. Bien sûr, celui-ci se contente d'acquiescer sans trop se prononcer...
C'est quand même grave de voir ça dans notre pays civilisé. Mais encore une fois qu'est-il préférable de faire ? La laisser dans sa petite vie qui lui convient après tout, ou bien dénoncer en acceptant toutes les conséquences que cela engendrerait ? De toute façon on le sait, les professionnels de santé, les assistantes sociales, les tuteurs, ferment souvent les yeux pour ne pas endosser cette lourde responsabilité. Et Suzanna sait très bien que grand nombre de ses collègues refuserait de travailler chez cette dame dans de telles conditions.

Vendredi 24 octobre
Aujourd'hui Mamie Desrat épilogue sur sa situation de tutelle. Elle dit, je cite : - « il faut pas y aller là-dedans, quand on y est, on est rien, on est personne, on ne peut

rien faire. C'est Violent, très violent ! Pourtant, vous savez, nous étions une famille respectueuse et respectable, sérieuse et honorable. » Suzanna est gênée de voir à quel point cette femme est touchée à vif dans son amour propre. Elle reparle ensuite du rat. Et Suzanna lui demande si elle a mis le poison, ce à quoi elle répond du tac au tac : « il ne l'aime pas le poison, je l'ai jeté. Il faudra acheter une tapette. » Et Suzanna de prier que cette idée saugrenue s'en aille comme elle est venue, car si elle se trouve nez à nez avec le rat, c'est sûr, elle perdra contrôle de la situation : Elle a une frousse incontrôlable de ces bestioles immondes.

Aujourd'hui Mamie Desrat demande à Suzanna de lui nettoyer sa psyché, qui est carrément recouverte de plusieurs centimètres de poussière. Elle dit : je cite, avec ce brin de dérision que Suzanna aime tant chez elle : - " attention, si vous le faites, vous ne le faites pas à moitié. Je ne veux aucunes traces. Je vous dirai demain si c'est bien, et je vous donnerai une note, ou bien la fessée ; et Suzanna de lui rétorquer : - vous pourrez lui demander avant : « miroir, oh, mon beau miroir, dis-moi si je suis la plus belle !" Éclats de rire. Ensemble elles s'accordent à dire que ça fait tant de bien de rire.

Mardi 18 novembre

Revenons à l'épisode du rat. Cette fois, c'est certain, il s'agissait bien d'un rat puisqu'il est là gisant sur le sol. Qu'elle horreur ! Mamie Desrat s'empresse de montrer " sa conquête" à Suzanna. Celle- ci peut fière, s'interrogeant combien y en a-t-il dans sa collection demande : « - mais, il est mort de quoi ? Vous l'aviez mis, alors, le poison ? " . Réponse laconique : " - mais, oui, s'il est dans cet état, il n'a pas mangé du beefsteak quand même ! " Humour toujours décapant de Mamie Desrat. Aujourd'hui son tuteur vient lui rendre visite. Mais qu'elle sera sa réaction face à ce problème relevant tout de même de l'hygiène ? On verra bien, Suzanna en informe sa boîte par précaution.

Mardi 09 décembre

Mamie Desrat s'est apprêtée, ça veut dire qu'elle a envie de sortir un peu, ce qui devient de plus en plus rare pour elle. Elle annonce : - « il faut que je marche, alors je vais venir avec vous faire les courses ». Franchement, cela fait plaisir à Suzanna qui répond : - « je suis contente, ça va vous faire du bien ! ». Le seul bémol est que, Suzanna est obligée de rouler fenêtres ouvertes, car Mamie Desrat ne se lave que très rarement - à peu près une fois par semaine avec l'aide de l'infirmière. L'état de la salle de bain sans hygiène ni confort témoigne de la rareté de ces moments. C'est horrible quand on y réfléchit. Suzanna se bouche les narines et oublie ce petit désagrément en ne se focalisant que sur le bien être que cette sortie procure à sa cliente. C'est cela l'empathie.

Dans le magasin c'est Suzanna qui mène la valse, elle connaît par cœur ses produits préférés. Elle est heureuse de pouvoir dire : - y'a des pains aux raisins aujourd'hui. Mamie Desrat en raffole et il n'y en a pas tout le temps. Elle dit sur un ton joyeux : - « oui, c'est ça, ils m'attendent ! » Ces petits moments de bonheur qui vont faire oublier les aléas de la mauvaise odeur. Sur le chemin du retour Mamie Desrat dit tout à coup, comme si elle culpabilisait : « je suis encombrante, je suis une personne à mobilité réduite, je suis envahissante. » Vous êtes normale, Mamie Desrat répond Suzanna ; il est important de valoriser ces personnes. Elles ont besoin de ça pour continuer, pour être rassurées, pour qu'elles ne se sentent pas inutiles. C'est un devoir. Le soir, comme elle l'avait promis, Suzanna lui ramène les filtres à café qu'elles n'avaient pas trouvé le matin. Et là, gros désarrois, panique totale, dans sa cuisine toutes les courses sont encore sur la table, le frigo est débranché, Mamie Desrat avait dit qu'elle le nettoierait et ne l'a pas fait, et en plus il fait très chaud dans sa maison. Encore une fois Suzanna se demande comment on ne l'a pas encore retrouvée les quatre fers en l'air, victime d'un empoisonnement fulgurant. C'est à croire qu'elle est robuste cette dame !

Vendredi 12 décembre. Mamie Desrat dit : « il ne faudra pas m'en racheter de ce roquefort bas de gamme, il n'est pas bon, pas bon du tout. Qu'est-ce que vous voulez, il me faut :" Le papillon ou Le Société" pas de demi-mesure, il faut la qualité et j'aime la qualité, moi, Madame ! » Très réaliste Mamie Desrat et très exigeante aussi ! Elle déclare ensuite à Suzanna qu'elle économise pour s'acheter des produits de beauté, et pas n'importe lesquels dit-elle. Un peu plus tard Suzanna lui signale qu'elle n'a plus de pain jusqu'à sa prochaine intervention. Elle propose d'aller lui en chercher en mentionnant qu'il faut avant tout avoir assez à manger, en référence à la discussion précédente. Et là, un gros blanc... Aucune réponse. Suzanna lui demande : -" vous m'entendez Mamie Desrat ? Ce à quoi elle rétorque : - " oui, je vous entends, je vous entends parfaitement et j'ai bien compris ce que vous voulez dire, mais je ne vous obéirai pas. C'est moi qui commande. Je sais ce que je veux, moi ! » Suzanna sourit en coin, car elle sait que le message est passé et elle se réjouit de cette petite complicité entre elles.

Mardi 16 décembre

Mamie Desrat est bizarre aujourd'hui. Devrais-je dire énervée ? Elle est insultante, surtout envers Suzanna bien évidemment et ce, sans raison aucune. Elle dit, (je cite) : « vous êtes conne, oui vous êtes vraiment une conne, faites-moi pas chier, c'est moi qui commande ». Suzanna dit juste -" vous n'avez aucune raison de me parler ainsi, si vous continuez je m'en vais." - « et ben, allez-vous-en, ça m'est égal ! » rétorque-t-elle illico-presto. Elle insulte aussi quelqu'un d'invisible : -" le connard, oui c'est un connard"... Elle dit ensuite, dans un éclat de conscience, comme pour se rattraper : « -" je sais, je ne suis pas gentille, vous êtes bien, oui, oui, vous êtes bien ! » Suzanna repart un peu agacée par ce comportement excessif parfois. Heureusement qu'elle connaît bien son personnage. Ça lui permet de relativiser.

Jeudi 18 décembre
Suzanna s'était promis de faire plaisir à Mamie Desrat pour ces fêtes de fin d'année qu'elle passera assurément seule, comme la plupart de ses clients sans doute. Elle l'emmène donc voir la crèche à l'Eglise Saint François d'Assise. Mamie Desrat est très reconnaissante, ça lui fait un bien fou car elle qui avait coutume d'aller à la messe tous les dimanches ne peut plus se délacer maintenant. Elle dit à Suzanna : -" vous êtes quelqu'un de bien, ça oui. Vous avez ce profil, pour aider les personnes comme moi, pas très agréables quelques fois, mais je le sais, je n'y peux rien. Ah oui, là, vous me faites plaisir, vraiment !». Suzanna ne fait aucunement cela pour être honorée, elle est si heureuse d'avoir donné ce petit plaisir avec juste un peu de son temps et beaucoup d'amour. Le bonheur est partagé.

Vendredi 26 décembre

Suzanna trouve cette petite mise en scène mignonne et triste à la fois : Mamie Desrat a dressé son couvert sur un plateau doré, avec trois verres, juste pour elle, pour son repas de Noël en solo. Elle s'est fait plaisir avec foie gras et Sauternes, s'il vous plaît ! Sa petite fille, fille du fils décédé, ne vient la voir que très rarement et lui téléphone occasionnellement. Mamie Desrat s'en plaint, c'est pour cela que Suzanna en parle. Elle dit, résignée : -" moi je suis une "grand Maman " qu'on doit respecter, à qui on doit téléphoner un minimum " et ce n'est pas le cas, vous savez. Je suis déçue par Marie. Ce n'est pas du respect pour son papa, il n'aimerait pas qu'on laisse sa mère comme ça ! ". Suzanna est touchée par ces paroles qui sortent droit d'un cœur meurtri. En effet cette dame a perdu son fils unique qui s'est suicidé cela fait déjà une vingtaine d'années. Puis, elle rajoute : -" je lui ai passé un savon à ma petite fille au téléphone, et ça fait du bien de se faire savonner quelques fois ! ". Ensemble, elles esquissent un petit sourire complice. Mamie Desrat dit ensuite à Suzanna : "- venez voir, mon cadeau. Je me le suis fait moi-même. Je me suis gâtée. Elle ouvre un joli coffret avec dedans une bonne bouteille de Bordeaux et cinq terrines de produits du terroir. Elle est fière de le montrer à Suzanna et elle dit : " je vais pas oser m'en servir ! " Suzanna la complimente : - vous avez raison de vous faire plaisir. Ce à quoi elle répond radicalement : " oui, j'ai raison, je le sais ! " . Suzanna adore sa repartie immédiate. Elle est convaincue que cette femme était douée d'une intelligence accrue, quelques années en arrière. C'est pour ça qu'elle l'aime bien cette dame, pour sa vivacité d'esprit incroyable.

Mardi 30 décembre

« Je déconne ce matin, je déconne grave. Il faut que je rectifie, sinon gare à moi. » En parlant de l'organisme de tutelle qu'elle nomme toujours l'URSSAF, sous-entendu "UDAF" (ou Union Départementale des Associations Familiales) elle dit, je cite : - « il ne faut pas y aller là-dedans. Y'a que les connards qui y vont, et moi j'en fais partie. C'est cette situation insupportable qui me rend irritable, vous comprenez Suzanna ? » Bien évidemment cette dernière ne sait pas quoi dire, elle se sent prise au dépourvu. Elle pense juste que c'est triste. Sur le point de s'en aller, Suzanna, comme à tous ses patients, souhaite à Mamie Desrat de passer un bon réveillon. Bien sûr, elle sait qu'elle peut parfois obtenir des réponses "terrifiantes", du style : -" oh ! Vous savez, moi je le passe avec moi-même, enfin avec Kiki, on va être tous les deux." Elle rajoute : -" il faut apprendre à être seul, quand on est à mobilité réduite. » Mamie Desrat venait de lui dire auparavant que sa sœur qui vit à Paris avait quatorze personnes de sa famille avec elle pour le réveillon... Que dire à cela ? Injustice ? Inég-alité ? Fatalité ? Peut- être indifférence ?
La vie est cruelle parfois et il faut faire avec, c'est comme ça. La plupart du temps c'est le lot de beaucoup de personnes âgées laissées pour compte, notamment au moment des fêtes.

Mardi 27 janvier
Aujourd'hui Mamie Desrat est un peu incohérente dans ses propos. Elle dit : « il faut que je mette de l'ordre dans ma maison, sinon gare à moi. C'est triste comment on devient quand même, Je n'étais pas comme ça avant. » Elle parle comme si elle sentait une menace peser sur elle, et elle annonce que son tuteur doit passer la voir prochainement. Ce dernier envisagerait soi-disant de la faire placer en

maison de retraite. Est-ce du lard ou du cochon ? Une chose est certaine Mamie Desrat sera intransigeante sur son sort futur. Cela sera-t-il suffisant pour éviter ce placement ? Permettez-moi d'en douter.
C'est son anniversaire aujourd'hui. Elle n'en parle pas. Suzanna le lui rappelle alors et dit « combien ? Quatre-vingt-huit ? » « Oh ! Non ! Ne me vieillissez pas tout de même ! Quatre-vingt-six, c'est déjà assez non ? Si j'y avais pensé je vous aurais dit de m'apporter une bouteille de porto, et on l'aurait bu ensemble ! »

Mardi 10 mars
Quand elle arrive à une heure très matinale Suzanna trouve Mamie Desrat assise sur son canapé, très rayonnante. Elle aime à lui faire ces compliments : -"je vous trouve très belle aujourd'hui Mamie Desrat . Cela procure un effet immédiat : -" je sais, je suis toujours jolie, il faut être toujours jolie, c'est important. " C'est fou comme un simple petit compliment peut faire du bien. Suzanna en est toute aussi heureuse. C'est de la pure fusion.
Ce matin Mamie Desrat est malgré tout quelque peu coquine. Suzanna lui demande : -" vous avez encore des croquettes pour Kiki ? Réponse : -" mais qu'est-ce que ça peut vous faire ? Occupez-vous de votre chien, pas du mien, Merci Mademoiselle. " Elle rajoute énervée : « et ne vous avisez pas de discuter, point à la ligne ! » Suzanna en reste bouche bée et en rit toute seule sous cape, elle adore cette expression « point à la ligne » qui revient souvent quand Mamie Desrat est quelques peu chafouin. Bien entendu moi aussi je suis écroulé de rire à l'intérieur de mon trou depuis lequel je scrute tout.

Vendredi 13 mars

Mamie Desrat accueille Suzanna tout sourire en lui disant : -" vous avez un invité. Il vous a attendu. C'est le rat. Venez voir s'il est beau ! " Suzanna commence à appréhender : -" regardez, comme il est bien dodu ce salaud et il a un beau poil. " Peu de temps après, tout à fait par hasard Mamie Desrat dit tout naturellement : - je me suis fait une ratatouille, et elle est bonne." Depuis mon trou - de souris- je ne peux m'empêcher de rire en pensant au film Ratatouille. Tout est de circonstance. C'est trop drôle. Suzanna lui dit : « vous êtes trop marrante. » Ce à quoi elle répond : -" oui, je suis marrante, je le sais ! ".

Vendredi 20 mars
Quand Suzanna demande à Mamie Desrat si elle va bien, elle comprend immédiatement qu'il y a un léger souci. -" je vais bien, on va dire ça comme ça , et je n'ai pas besoin de vous, vous comprenez ? Je ne vous supporte plus. Vous allez foutre le camp, je ne veux plus vous voir. Je me débrouille. Je suis grande. - Oui,c'est une journée "Space" pour Mamie Desrat, elle est dans son délire, en plein monologue à la limite d'être insultante. Suzanna fait ce qu'elle a à faire, sans mot dire. Tout y passe : Les intervenantes sont des bourriques, le docteur est un connard, la responsable de la boîte une Idiote... Elle dit, je cite -" il faut que j'en sorte de cette boîte. Il faut que je m'assume je le sais. Il n'y a que des "bourricasses" là-dedans. Je dois m'en débarrasser de cette boîte... Suzanna part un peu triste d'entendre de telles paroles de désarrois. Mais elle sait très bien qu'il n'en est rien, demain tout sera oublié.

Mardi 06 avril

Suzanna demande en arrivant, : " vous avez passé un bon week end Pascal ? Réponse éloquence : -" j'étais seule, ainsi je me suis disputée avec personne ! « Je me suis fait un bon repas et on a bien mangé avec Kiki. On a partagé du magret et des champignons. On s'est régalé. C'est vrai, Kiki, non ? " Il fait très beau ce matin et Mamie Desrat fait démarrer la journée de Suzanna en beauté : elle lui demande de nettoyer son balcon et exige que ce soit " bien fait », - 'oui Madame, il faut que ce soit "parfaitement" bien fait". Il faut de l'ordre ! " . Elle rajoute : -" vous arrivez à imaginer que j'étais quelqu'un de rangée, que j'aimais l'ordre et la propreté ? " aujourd'hui, ce n'est plus le cas. Je ne suis plus la même. Suzanna répond avec beaucoup de compassion : - " c'est normal Mamie Desrat, aujourd'hui vous ne pouvez pas faire les mêmes choses et vous avez besoin d'aide c'est tout. Et on est là pour vous aider. " Mamie Desrat répond simplement, résignée : « oui je sais, vous avez raison, et je dois l'accepter. »

Mardi 14 avril

Mamie Desrat est gaie aujourd'hui et très lucide qui plus est, ça fait plaisir et ensemble elles discutent longuement. C'est bien agréable. Oui, Suzanna aime beaucoup cette dame. D'ailleurs, elle trouve que depuis sa toute première intervention cela fait presque deux ans, que Mamie Desrat a fait beaucoup de progrès, ou, du moins n'a pas régressé mentalement comme certains, malgré ses sautes d'humeur récurrentes. Suzanna ne manque pas de la complimenter dès qu'elle en a l'occasion. C'est une astuce qu'elle aime utiliser souvent car le bien que cela procure mutuellement est tangible. Elle sait parfaitement que les personnes âgées ont besoin d'être valorisées et aussi qu'elles ne le sont que trop rarement. Mamie Desrat, flattée lui dit -" si je peux rester encore quinze ans chez moi, tant que je suis autonome... " oups : elle se rend compte qu'elle a vu un peu large... Alors elle se reprend en riant : - " et pourquoi pas vingt ans tant qu'à y être ? " puis elle rajoute en se frottent les mains allègrement : -" il faut se faire rire ! Ça fait du bien. " Suzanna aime ce moment de pur bonheur et de complicité.

Mardi 21 avril

Un vrai champ de bataille la cuisine ce matin. Mais que s'est-il passé ? Les détritus alimentaires jonchent l'évier, le sol... Moucherons et mouches vertes sont à la fête. Suzanna nettoie le frigo ce qui n'est pas du luxe, et croit qu'elle va vomir cent fois. Ensuite elle croit aussi mourir par asphyxie avec les remontées d'odeurs de javel qu'elle utilise pure par hectolitres. Elle se dit, que si elle n'affectionnait pas particulièrement cette dame, elle ne pourrait jamais y retourner. Oui, c'est vraiment pour Mamie Desrat, à qui elle voue une dévotion inconditionnelle, qu'elle le fait. Oui, c'est vraiment le pire des endroits où elle se rend travailler. Sans le signaler à Mamie Desrat elle prend l'initiative d'aller acheter un minimum nécessaire pour les produits d'entretien. Elle prend aussi des pains aux raisins que Mamie Desrat mange au petit déjeuner. Elle sait par cœur les gourmandises qui feront plaisir à Mamie Desrat. A son retour, elle la met délicatement devant le fait accompli et Mamie Desrat dit
 simplement : -" mais pourquoi vous avez fait ça ? Je ne vous l'ai pas demandé. Mais je sais, vous avez bien fait. Mais vous savez que je n'aime pas qu'on me désobéisse ! Vous êtes une coquine ! " Ouf ! Elle s'attendait à une réaction bien pire.

Mardi 12 mai

Après le long pont du 8 mai, durant lequel personne n'est venu Suzanna retrouve une fois de plus un vrai cataclysme dans la cuisine de Mamie Desrat. Tout la prédispose à vomir, mais elle est blindée depuis le temps. Mamie Desrat en est bien consciente et dit, se parlant à elle-même : -" j'ai honte, je le sais, on ne fait pas faire cela à des filles du conseil général !" Puis s'adressant à Suzanna : -" je me casse ! " et elle part s'assoir dans le jardin, maugréant toute seule. Suzanna est morte de rire d'entendre un tel langage sortir de cette là bouche de petite Mamie toute fragile. Elle ne s'abstient jamais de lui faire un compliment pour stimuler son moral : « vous êtes printanière ce matin, cette couleur vous va bien. » L'effet est Immédiat : « vous le savez, j'ai habillé des gens pendant des années, alors vous pensez bien, moi aussi je sais m'habiller ! »

Dernièrement le chien de Mamie Desrat montre des signes de fatigue. Sa maitresse, même si elle n'en a pas les moyens, dépense des sommes folles pour le soigner. Elle se prive elle-même pour lui acheter le haut de gamme. Dernier rendez-vous chez le véto, il va falloir se rendre à l'évidence : kiki est faible, une euthanasie semble s'imposer. Mamie Desrat s'y résigne et c'est évidemment Suzanna qui l'accompagne. Même si ce n'est pas facile, cette dernière est contente d'être à ses côtés pour les derniers moments de vie de son chien. Elle prend une dernière photo qu'elle accrochera ensuite dans son salon. Mamie Desrat apprécie beaucoup cette initiative et

déclare : « comme ça son âme restera là, et je veillerai sur elle. En 2018 Suzanna quitte l'entreprise pour qui elle travaille, pour pouvoir continuer à faire ce métier à son compte. Elle prend l'engagement, solennel de venir voir Mamie Desrat régulièrement. Cette dernière lui dit chaque fois, je cite : « cinq ans d'amitié, ça ne s'oublie pas, »

Suzanna est fière de voir comment cette mamie qu'elle aime profondément, s'est tellement transformée. Quand elle pense à la première fois qu'elle est rentrée chez cette dame, qui était toute de noir vêtue, l'allure d'une vraie sorcière quelque peu édentée, ébouriffée, sa première pensée avait été qu'elle n'y remettrait jamais les pieds.

Aujourd'hui, quand elle arrive et qu'elle voit tout fermé alors qu'il fait si chaud en ce mois d'août, Suzanna comprend très vite qu'elle ne reverra jamais Mamie Desrat. Elle fait le tour de la maison en l'appelant en vain. Le cœur lourd elle téléphone à une des petites filles qui lui confirme bien ce qu'elle savait déjà : le décès de Mamie Desrat. Suzanna est quelque peu froissée que personne n'ait pensé à la prévenir, mais bon, il ne faut pas rentrer dans le jugement. Que Dieu lui accorde le repos éternel. Il y avait ce lien spirituel entre Mamie Desrat et Suzanna, une complicité imparable les unissait dans ce ressentit, une parfaite osmose. Suzanna sait que sa chère petite Mamie est certainement au ciel et qu'elle se réjouie à présent auprès des siens. Elle sait aussi qu'elles seront liées à jamais par ce fil rouge universel. Elle lui manque déjà, elle ne l'oubliera jamais cette mamie avec qui elle a partagé tant de choses, bonnes et moins bonnes ...

XV.   Remplacement chez Monsieur Félicien Savage

Hilarant ! Monsieur Félicien Savage est un homme d'une quarantaine d'années. Sa responsable lui a dit que ce Monsieur est handicapé. Mental ? Physique ? Suzanna appréhende. Elle imagine quelqu'un sur un fauteuil roulant, sans aucune autonomie. Et là, consternation ! Lorsqu'elle arrive, elle croise cinq minutes Félicien sur le pas de la porte. Surprise, elle demande : - "C'est vous Monsieur Savage ? Car visiblement rien ne laisse paraître un quelconque handicap. Peut-être un léger retard mental ? C'est un garçon plutôt costaud, mal fringué, de grosses lunettes. Il parle pourtant normalement. Pour Suzanna il n'a juste que le statut d'handicapé. Il dit juste : -" c'est là, rentrez. Au revoir. " Comme s'il était gêné de devoir affronter une présence féminine dans son appartement. Médusée, Suzanna lui demande - " il faudrait que vous me montriez ce que je dois faire. " Ce à quoi il répond vite fait en tournant le dos : -" faites ce que bon vous semble !».

Suzanna n'a pas l'habitude d'être livrée à elle-même comme ça dans un endroit qu'elle ne connaît pas. Mais dès qu'elle pénètre dans cette « tanière » elle comprend vite que les deux heures allouées pour le ménage ne sont pas du luxe et qu'elles vont être très courtes pour accomplir sa tâche : en effet, cet appartement est le reflet de celui d'un vieux garçon très intelligent semble-t-il. Des étagères remplies de livres d'histoire, de philosophie, de classiques - Platon, Aristote, Frédéric Lenoir, Dieu etc... Suzanna soupçonne quelqu'un de très érudit, avec les manies d'un vieux garçon : un lit de quatre-vingt-dix centimètres, tout défait... des caleçons et chaussettes sales en tas sur le sol, des bouteilles de soda vides jonchent le plancher, la panière à linge sale semble trop petite, des feuilles d'une plante " bizarre" sont éparpillées sur le tapis... Des bouteilles de bières vides sur la table sur laquelle sont entassés livres, crayons, papiers divers... Une odeur de renfermé, des placards et un frigo vide, des pots de confiture vides aussi, laissés tels quels attirant les moucherons, peu de produits ménagers, pas de seau pour passer la serpillère, pas une seule éponge pour nettoyer ! Bref un vrai appartement de quelqu'un qui se laisse vivre, dont le ménage et la nourriture sont le dernier de ses soucis. D'ailleurs on peut se demander qui s'occupe de ses courses. Les poubelles dégueulent de toute part pourtant, mais sûrement dû au fait qu'elles n'ont pas été vidées depuis des lustres... Les appareils ménagers semblent à l'abandon. Je suis certain que Monsieur Savage est un adepte de ces endroits ouverts en permanence, cette grande enseigne où l'on vous gave de mal bouffe, vous voyez ce que le veux dire ? Mais à défaut de connaître autre chose cela reste si pratique et on peut peut-être espérer y faire quelques rencontres lorsque l'on est plutôt seul comme Monsieur Savage... La salle de bain, peu fréquentée semble-t-il, reflète effectivement, une effroyable solitude : un tube de dentifrice plié dans sa moitié et débouché, à côté, une brosse à dents édentée, un peigne garni de cheveux gris, tout aussi édenté que la brosse à dents... un vieux savon aux crevasses douteuses, quelques rasoirs BIC...

Le jardin de ce petit appartement si coquet en plein centre-ville est lui aussi livré à l'ardeur des herbes "sauvages". Ainsi on est bien, à l'abri du regard des voisins.... La seule chose ici qui a fait faire un sourire miniature à Suzanna c'est ce verre à la couleur verte épaisse, que l'on offrait, il y a environ quarante ans en arrière, pour l'achat d'une bouteille d'huile Lessieur, comme du temps de son enfance. Félicien a toute la collection identique. Suzanna imagine alors qu'ils doivent être plus ou moins du même âge. Elle ne peut s'empêcher de penser qu'il y a dans ce monde, des destins bien pathétiques.

Elle ferme la porte, ne croise personne dans cet endroit assez sinistre d'autant plus que le temps est pluvieux ce qui accentue cette sensation lugubre.

XVI.   Marie

Que dire de cette dame bien particulière ? certainement atteinte d'une pathologie psychique importante, elle vit seule dans un petit appartement délabré où règne un beau bazar. Elle ne devrait pas être livrée à elle-même : sa place serait plutôt en institut. En effet Marie, ne sort jamais, excepté pour aller chercher l'infime somme d'argent qui lui est octroyée chaque semaine au distributeur à quelques mètres de chez elle. Elle ne voit personne donc, se fait des monologues, et, souffrant d'une paranoïa excessive, laisse ses volets fermés toute la journée pour ne pas être épiée par ses voisins... Elle dit à Suzanna qu'elle entend des voix, et même un jour, ouvre la porte de son salon et lui demande si elle les voit, les fantômes qui rôdent. Rien de bien rassurant ! Cette dame a attendu plus de huit mois pour avoir une aide à domicile car elle peut devenir très colérique subitement, voire violente. Elle critique tout le monde, que ce soit les infirmières, les docteurs, les voisins... Suzanna se dit qu'elle doit aussi la critiquer auprès des infirmières ... elle se plaint de son sort en permanence, de ses conditions de vie, (elle n'a peut-être pas tout à fait tort...), je cite : « on me donne trois sous pour acheter à manger, on me bourre de médicaments, une piqûre dans le cul et plus personne ! Vous croyez que c'est une vie ça ? Mais qu'est-ce que j'ai fait moi pour en arriver là ? » Ça, Dieu seul et elle le savent. Il est évident qu'elle n'arrive pas à se gérer seule. Difficile aussi de lui donner un âge, mais elle semble relativement jeune. Lorsque Suzanna arrive elle ferme à double tour derrière elle, ce qui est n'est pas fait pour la rassurer, j'avoue. Lors de sa première prestation, Suzanna trouve un Frigo complètement vide. Elle a une tutrice qu'elle ne voit jamais. Il arrive souvent que le prix des courses dépasse le budget très limité de la semaine malgré les calculs minutieux de Suzanna qui va pourtant dans les enseignes réputées low-cost. Le résultat est que Marie se nourrie de mal bouffe constamment, faute de budget trop serré. Ses draps sont criblés de trous de cigarettes. Ses vêtements sont en tas devant son lit faute de manque de penderie. Cela semble être de la dénonciation, mais oui, Suzanna pense qu'il est nécessaire de dire qu'il est lamentable de laisser des gens ainsi, dans une misère palpable, cela ressemble même à de la non-assistance à personne en danger, je vous révèle ce que j'ai vu de scandaleux cette fois-là ! Marie se croyait à un autre jour et m'attendait pas sa venue aujourd'hui. De mauvaise humeur et limite agressive, elle demande à Suzanna de revenir le lendemain. Idem, le lendemain, mais Marie est très énervée, et l'a congédié avec des paroles violentes et fortes tout en l'accusant de lui voler de l'argent et de tout lui casser. C'est un vendredi. Suzanna en informe sa boîte, par mail, la tutrice est en congés pour deux semaines. Aucune réponse. Elle se sent seule, culpabilise de laisser cette femme seule, à l'abandon, avec un frigo presque vide ! Le lundi, elle appelle la boîte, explique tout à nouveau à une remplaçante qui ne l'aide pas plus ! Elle se sent totalement seule et désemparée.

Aucune réponse, pendant des jours. Elle s'était jurée de ne pas y retourner mais sa conscience professionnelle est inaltérable. Elle se demande dans quel état elle va trouver cette dame... Marie est sereine comme si de rien n'était, assise, hagarde, devant sa table sur laquelle gît une plaquette de beurre presque finie dans un emballage souillé, elle dit à Suzanna : « mais tu étais passée où ? Je n'ai plus rien à bouffer moi ! » Suzanna lui demande si quelqu'un lui a fait des courses durant ces dix jours. Réponse : « non, personne ! » Fin de l'épisode.

Cette page est certainement la plus sombre de ce livre. Suzanna voulait témoigner de ce que cette société basée sur l'individualisme, l'égoïsme et l'indifférence, est capable de fabriquer un être humain en zombie en l'asphyxiant par un traitement lourd, en lui prodiguant des soins pour une survie sans but, sans amour, sans affection, sans chaleur humaine, et surtout en lui ôtant sa dignité. On parle d'abandon d'animaux mais Il est évident que bien des animaux domestiques reçoivent bien plus d'amour et d'affection que certains humains, et le cas de Marie est loin d'être un cas isolé, hélas ! Marie dit avoir une famille qui ne veut plus la voir. Qu'importe ce qu'elle a pu faire pour en arriver là, personne ne mérite un tel traitement. C'est lamentable.

Comme le chantait Daniel Balavoine, seul l'amour peut sauver l'amour.

XVII.   Prestations de remplacement chez Monsieur Ursule

Monsieur Ursule est un homme d'une quarantaine d'années environ, difficile de lui donner un âge. Il a l'allure du vieux garçon avec le handicap d'aveugle et la solitude en plus. C'est triste, vraiment. Cependant il est doté d'une perception inégalable même à celle de certains humains bien portants. Il capte le moindre mouvement, le moindre geste que Suzanna effectue, lui décrivant même chaque objet qu'elle déplace ; incontestablement il décrit avec précision ce qu'elle a entre ses mains. Il est doué également d'une faculté sensorielle incroyable ce qui agace vraiment Suzanna car il est hyper exigeant et passe tout au crible en la suivant à chaque pas. Cela dit c'est un garçon assez gentil. Il est très méticuleux et ordonné contrairement à Monsieur Savage, et Il semble bien gérer sa vie malgré tout.

Mercredi 11 mars
Journée épique : Il fait beau, Suzanna décide de se rendre chez Monsieur Ursule à vélo. Lorsqu'elle lui annonce, sur un ton presque jubilatoire : « il fait beau, je suis venue à vélo », elle le voit se transformer littéralement. Il se met à vociférer : « A vélo ! À vélo ! Mais je suis handicapé moi ! Comment je vais faire moi ? J'ai rendez-vous chez le coiffeur. Ça va pas ça ! » Dans un état indescriptible, il appelle la responsable de la boîte et ne cesse de lui crier dessus au téléphone sans lui laisser placer un mot. En effet, celle-ci avait oublié de spécifier que ce Monsieur avait un besoin impératif du véhicule aujourd'hui. Suzanna en est très gênée pour elle, et moi, je me fais toute petite au fond de mon trou... Du coup, voyant Monsieur Ursule sur le point de faire une syncope, elle décide de repartir et de revenir, en voiture cette fois, afin d'éviter un scandale majeur si elle ne l'emmène pas aujourd'hui chez son coiffeur. Fort heureusement elle habite à quelques kilomètres seulement. Sa responsable lui en est très reconnaissante. Il redevient doux comme un agneau. Elle le "promène" ensuite pendant trois heures de temps. Il en profite pour cumuler plusieurs choses à faire et Suzanna ne trouve pas cela trop déplaisant finalement. Elle doit l'accompagner partout, être attentive au moindre de ses mouvements. Elle sait qu'il peut devenir très hystérique s'il ne se sent pas en sécurité. Elle lui parle avec une grande compassion et une gentillesse extrême, et elle finit par le trouver attachant. Elle se sent utile accrochée à son bras car tout cela est nouveau pour elle. On est loin, souvent, de s'imaginer la vie avec un tel handicap quand on n'est pas concerné personnellement.

Jeudi 16 avril :

Monsieur Ursule est de bonne humeur aujourd'hui mais stressé car ce soir il a du monde pour manger. Aussi il dit vouloir « utiliser" les talents de cuisinière de Suzanna. Il l'envoie dans un premier temps faire des courses. Puis c'est le marathon entre cuisine, ménage, rangement etc... Tout est terminé pile poil trois heures après. Suzanna se surprend elle même d'ailleurs. Monsieur Ursule a remarqué les efforts qu'elle a faits pour que tout soit prêt en temps et en heure, aussi pour la première fois, il lui offre un café. Autant il peut être quelqu'un de très agréable quand tout va comme il veut, autant il peut être détestable si quelque chose le contrarie. Comme cette fois-là, à la pharmacie : Il avait auparavant demandé à Suzanna de lui lire plusieurs ordonnances. Elle avait fait de son mieux pour déchiffrer ce jargon... C'est bien connu : les médecins ont souvent une écriture illisible. Plus les noms de médicaments à rallonge... Vous avez tout compris ! La stagiaire à la pharmacie a également du mal à déchiffrer ces hiéroglyphes et ne fait qu'appliquer la réglementation pour la délivrance de certains produits qui pourraient s'avérer dangereux et qui font l'objet d'un usage très strict. Monsieur Ursule se met soudain à faire un scandale en parlant très fort. La petite stagiaire appelle sa responsable. Il s'écrie : -" et vous, vous n'êtes pas capable d'agir seule ? Vous ne savez pas faire toute seule ? Puis s'adressant à Suzanna il l'accuse d'avoir mal lu les ordonnances ! Il s'attaque aussi au système, puis à la pharmacienne en étant presque irrespectueux. Tout y passe ! Tout le monde est très mal à l'aise. Je ne pense pas que son handicap justifie son comportement odieux. Les regards se croisent, indignés, en guise de signes approbateurs. Qu'elle honte ! La pauvre stagiaire en est écarlate et Suzanna est gênée pour elle aussi. Le sentiment de malaise est perceptible dans toute la pharmacie.

Les prestations chez ce Monsieur s'arrêteront subitement pour donner suite à une hospitalisation imprévisible. Suzanna n'oubliera pas ce personnage si particulier.

XVIII.   Deux heure hebdo chez Madame Roumegue

Cette dame, qui n'a pas atteint ses soixante-dix ans en
paraît dix de moins. Elle est estropiée partiellement suite à
un accident de la route. Ce n'est pas qu'elle ne soit pas
gentille, mais elle se prend la tête pour tout et rien sans
arrêt. Elle "Roumègue " sans cesse. Elle est aux extrêmes
de la maniaquerie chronique ! Suzanna a du mal avec elle,
elle la supporte à peine. L'aspirateur doit être placer
comme ceci et non comme cela, la moindre trace sur le
carrelage l'a fait bondir... C'est insupportable ces gens qui
ne paraissent avoir aucun autre but dans leur vie hormis
l'obsession de la propreté ! Et là aussi, rien n'est proposé
à Suzanna, si elle veut un verre d'eau, du robinet, elle
tremble presque en le demandant. Cette attitude la
terrorise tant qu'elle n'est pas à l'aise et qu'elle a toujours

peur de mal faire : deux longues heures, interminables, un calvaire !

XIX.   Remplacement chez ce couple adorable, d'une
gentillesse extrême.

Une maison trop bien tenue, un certain standing, où là, à
l'inverse de chez Monsieur Savage, les deux heures sont
interminables : il faut briquer, briquer jusqu'à l'usure des
éponges, bouger les objets incessamment pour montrer
que l'on est actif ... Comme quoi dans ce métier toutes les
situations sont différentes. Curieusement, comme je l'ai
déjà dit, Suzanna préfère les endroits où il y a peu de
moyens : elle s'y sent plus à l'aise et jamais elle n'y trouve
le temps long. Les gens y sont aussi en général plus
simples et plus respectueux.
Malgré tout ici ce petit couple est très attendrissant. Le
Monsieur, dit même à Suzanna quand elle part : -"j'espère
bien que ce sera vous la prochaine fois". Cela lui serait égal
à Suzanna, si ce n'était pas aux antipodes de son secteur
de travail habituel...

XX.   Le temps d'un repas quotidien chez Mademoiselle Bertille

Mademoiselle Bertille est une attardée mentale qui a environ le même âge que Suzanna et qui a apparemment le privilège d'habiter en plein centre-ville, un joli petit studio. Mais est-ce bien un privilège ? Car elle vit totalement seule, avec son handicap, cloîtrée entre deux murs, entre la chambre et le salon, lumière toujours éteinte et volets à demi-clos comme pour s'isoler davantage du monde extérieur. Mais se rend-elle compte seulement ?

Elle sort de temps en temps avec les auxiliaires de vie pour faire ses courses. C'est folklorique. Pour la nourriture elle ne prend que du prêt à consommer, de la mal bouffe : des conserves, de l'instantané. D'abord elle commence par épiloguer sur le produit qu'elle souhaite acquérir, ensuite vient la demande de l'autorisation, car elle hésite longuement de peur de regretter. Elle est sous tutelle et donc, a conscience, semble-t-il qu'elle ne peut pas faire ce qu'elle veut sans aval de ses supérieurs. Elle passe un temps fou dans le rayon devant le produit qu'elle convoite, lisant tous les composants en tournant et retournant le flacon, la boîte de conserve, dans tous les sens. Comme elle est myope, elle rapproche le produit de ses yeux et scrute les informations minutieusement. La scène dure un certain temps. Au bout de cinq minutes Suzanna la houspille un peu en lui disant que l'heure tourne, qu'il faut y aller. Cette fois elle penche pour un déodorant. Je me marre en pensant qu'elle aurait plus besoin d'un produit pour l'haleine car je lis dans les pensées de Suzanna et je vois son petit sourire en coin qui en dit long... Il est évident que Mademoiselle Bertille est sujette aux achats compulsifs, mais, tente toutefois de se raisonner, car elle est semble-t-il, consciente de ce handicap. Elle pose dix mille fois la question à l'auxiliaire, à savoir si c'est bien qu'elle achète ce produit ou pas, avant d'obtenir, à l'usure, une approbation nécessaire et indiscutable de toute évidence. Physiquement elle a toute l'allure d'une vieille fille. Ses cheveux sont gras, ses chevilles poilues et une haleine fétide s'échappe de sa bouche. La première fois, en l'embrassant (ce sont les habitudes de Suzanna) cette dernière a cru tomber dans les pommes tellement l'odeur de sa bouche était insupportable. Depuis, elle évite de lui faire la bise... Le problème est que lorsqu'elle parle, Mademoiselle Bertille a la fâcheuse habitude de suivre son

interlocuteur de très très près. Je rigole, dans mon trou de souris, en voyant Suzanna détourner la tête, ou tenter de reculer jusqu'au bord du mur et l'entendre murmurer : -" ce n'est pas vrai, ça pu !! " Autant dire qu'il n'y a aucune hygiène. Mademoiselle Bertille n'est pas capable de se faire sa toilette elle-même. C'est insoutenable. Tout comme Suzanna j'ai l'impression de suffoquer… !
Mademoiselle Bertille n'a aucune conversation. Toute tentative se solde par des "-oui, oui, ou non non, oui c'est vrai ..." C'est désolant. C'est un pantin. Elle n'a aucune passion, aucune activité. Pas même une radio ou la télé. Suzanna a tout tenté en vain pour la motiver à quelque chose : lire, dessiner, des jeux, sans aucuns résultats. C'est pathétique. Mademoiselle Bertille ne vit pas, elle végète, assise bras croisés toute la sainte journée. Elle attend, elle attend, le regard errant.
Il semblerait que Mademoiselle Bertille ait ses parents pas très loin, elle les voit très occasionnellement. L'équipe vient une heure du lundi au vendredi pour lui préparer à manger car elle est incapable de faire cuire quoi que ce soit toute seule. Mais qu'en est-il les week- ends et le soir ? Il est même certain qu'elle ne doit pas être en mesure d'ouvrir une boîte de conserve. Suzanna est choquée par la quantité de nourriture que ce petit bout de femme est capable d'ingurgiter. Point de vue nutritionnel c'est aberrant : en une seule prise, le midi, sa ration est souvent constituée d'un avocat entier, qui est d'ailleurs le seul et unique produit frais qu'elle consomme, puis d'une boîte de 380 grammes de raviolis entière ! Après réflexion on peut imaginer que Mademoiselle Bertille emmagasine autant de nourriture le midi car elle sait qu'elle ne mangera quasiment rien le soir compte tenu du fait qu'elle n'ait personne pour l'assister pour son repas.

Suzanna pense que cette femme devrait être en institution, ne serait-ce que pour l'hygiène et sa sécurité. Il semblerait que quelques personnes bienveillantes veuillent s'acheter une bonne conscience en la maintenant dans un joli petit appartement, plein centre-ville, avec une aide à domicile ponctuellement et l'indifférence et la solitude le reste du temps. Une vision réaliste du monde d'aujourd'hui. Cela fait pitié, vraiment.

Jeudi 15 janvier
Suzanna fait exceptionnellement la bise à Mademoiselle Bertille en lui souhaitant une bonne année. Elle lui demande ce qu'elle a fait pour ces fêtes. Suzanna est un peu choquée en apprenant qu'elle a juste vu son papa un après-midi et que sa maman n'est pas encore venue lui rendre visite. C'est scandaleux. Mais que peut-on faire face à l'indifférence qui règne même au sein des familles on ne doit pas juger, n'est-ce-pas ?

XXI.   Remplacement chez Madame et Monsieur
Boulanger Fils

Madame Boulanger est toute mignonne, toute calme et si
douce. Elle s'occupe beaucoup de son mari qui est très
affaibli, et qui oscille du fauteuil au lit. Un beau chat noir
dort sur ses genoux. Suzanna demande comment il
s'appelle. On lui répond - " c'est Chat. Il n'a pas de non. " il

est arrivé là par hasard. Le fait d'avoir récupéré un chat errant semble très gratifiant pour eux.

 Ce matin Suzanna arrive tôt, 8h30. Madame Boulanger dit être fatiguée car l'infirmière qui s'occupe de son mari vient tous les matins à 6h30. Elle dit : « ça fait tôt vous savez, 6h30. Quelquefois il s'en passerait, mais elles ont tellement de monde et si peu de temps, C'est comme ça, que voulez-vous ! » Madame Boulanger accepte son sort mais semble aussi très fatiguée de la vie... Elle apprécie notre compagnie et discute un peu, se répétant quelques fois, mais restant lucide malgré tout. Leur fils de plus de cinquante ans vit toujours avec eux. Un vrai Tanguy. Madame Boulanger explique à Suzanna, l'air dépité qu'il n'a pas de travail, qu'il n'a jamais eu un travail sérieux. Pour le disculper un peu elle dit : - " il n'a pas eu de chance, et avec les filles non plus d'ailleurs. " Elle rit amèrement.
Suzanna trouve ça si triste : un jour où elle était là durant deux heures de temps, il est resté là aussi, sans mot dire, adossé à la fenêtre, comme un « bêta ! » ; appelons ça un Ours plutôt ! Ça vous décrit bien le portrait. Sa chambre est vraiment la chambre typique du vieux garçon pas très bien dans sa peau. Il habite ici, sans aucun dévouement pour ses parents semble-t-il. Sa maman demande à Suzanna de lui changer les draps du lit. C'est elle, la pauvre, qui semble le prendre en charge la plupart du temps. C'est le monde à l'envers : elle a 92 ans, cette pauvre femme !
Si quelque chose arrive à son mari, elle ne lui survivra sûrement pas très longtemps, c'est certain.

Vendredi 13 mars (2 fois 1 heure)
"Tanguy" passe sa journée assis sur le canapé à feuilleter le Larousse. Comme elle savait qu'elle allait revenir le soir Suzanna demande à Madame Boulanger si elle veut

qu'elle lui ramène quelque chose. Elle lui répond toute contente : - oui, ramenez-moi des patates. " Quand elle revient le soir avec ses patates elle ne s'attend pas à ce que cela déclenche un sketch hilarant : Le fils part dans un délire et se met à crier : - " des patates, Pourquoi vous avez ramené des patates ? On ne cuisine pas, nous. On a un traiteur. Elle marche pas la gazinière. Vous pouvez les remporter VOS patates ! » Il se répète plusieurs fois comme obsédé par ces patates. La mamie, un peu sourde tente de participer à la conversation sans tout comprendre. Mais elle affirme calmement toutefois : - " mais si, elle marche la gazinière, il faut juste la brancher. Qu'est-ce que tu dis ? " visiblement les enfants ont condamné la cuisinière, sûrement par mesure de sécurité. Suzanna voit bien que Madame Boulanger adorerait cuisiner un peu. Elle a l'air de s'ennuyer à mourir à tourner en rond dans sa maison tout au long de la journée. S'en suit alors un dialogue de sourds répétitif : - mais qu'est-ce que tu dis ? Je te dis qu'elle marche la gazinière ! « « mais non elle marche pas, tu le sais pourtant qu'elle marche pas ! » Suzanna, morte de rire en son for intérieur, remporte son sac de patates ! Quelle tristesse de vivre avec un fils qui n'a aucune motivation, aucun engouement pour quoi que ce soit. Visiblement il lui manque un grain. Voilà comment assez souvent les enfants en arrivent à infantiliser leurs parents ainés, en leur coupant l'envie d'agir, en réfléchissant leurs peurs sur eux. Ils ne sont aucunement motivants pour que leurs parents restent actifs un minimum. Qu'elle attitude déplorable ! Madame Boulanger n'aspirerait qu'à se sentir utile. Et lui qui en aurait la capacité, choisit la solution de facilité et glande toute la journée au grand désarroi de sa mère qui a l'air consciente de la situation.

Le jour fatal pour son mari arrive ; il décède à l'hôpital. Il semblerait que l'on ait voulu épargner cette pauvre femme. Personne ne l'informe. Elle ne réalise rien et cherche toujours son mari en vain dans la maison, des semaines durant. Elle met encore le couvert pour trois, des mois après. Le fils esquive la situation tant bien que mal en la laissant croire que son mari reviendra un jour ou l'autre à la maison.

 Enfin il fait preuve d'empathie pour sa mère, c'était inespéré.

XXII.   Deux heures hebdo chez Madame Simmoneau

Cette dame n'a pas encore soixante-dix ans et elle est victime d'un cancer au cerveau. Elle reste toutefois sereine et joyeuse. Suzanna va chez elle essentiellement pour les tâches ménagères qu'elle ne peut plus faire compte tenu d'une fatigue chronique dû au traitement lourd. Au fil du temps elle se sont bien liées toutes les deux. C'est vrai, Madame Simmoneau est calme, d'une gentillesse extrême, elle lui propose souvent une boisson, un fruit ou un gâteau. Elle la laisse œuvrer tranquillement sans trop de maniaquerie : elle lui fait confiance et c'est précisément ce qu'aime Suzanna. L'appartement de Madame Simmoneau la ramène un peu à elle-même, du temps où elle avait d'autres moyens financiers et accumulait tout sans même s'en rendre compte, sans scrupules. En effet, c'est le bazar partout, dans un genre de cagibi s'amoncellent vêtements, jeux, vaisselle, bibelots, aspirateurs, produits d'entretien ; les étagères sont surchargées d'objets inutiles, les placards alimentaires dégueulent de produits périmés, et Suzanna jette constamment des produits hors d'usage. Le plan de travail de la cuisine est assailli par des bouteilles, des aliments, des médicaments, des papiers en tout genre. Bien sûr, on ne doit pas juger car ce désordre est sûrement lié à la maladie, mais Suzanna condamne lourdement cette façon de gérer les choses qu'elle a expérimentée elle-même dans sa famille et qui engendre tant de gaspillage. Faut-il en passer par la maladie ou bien par le manque d'argent pour prendre conscience de ces mauvaises façons de faire ? On peut remarquer que c'est souvent la même chose chez beaucoup de personnes âgées ayant connu dans leur enfance guerres et privations. Cela a inévitablement engendré la peur du manque. La maman de Suzanna agissait aussi de la sorte et c'est pour cela qu'elle comprend, sans toutefois être d'accord avec ce principe aujourd'hui. Car oui, aujourd'hui, elle se bat aussi pour vivre et ne supporte pas le moindre gaspillage. Depuis quelques temps Madame Simmoneau a des séquelles dues à son traitement, elle ne peut plus couper sa viande, elle a des vertiges.

Bien évidemment tout cela l'a fait déprimer. Suzanna fait tout son possible pour l'aider du mieux qu'elle peut. L'autre jour elle l'a faite sortir prendre l'air. Devant le tram Suzanna a dit en plaisantant : - attention, on ne va pas se faire écraser encore ! " Madame Simmoneau lui répond : - Oh, Vous savez, moi ça m'est égal." Cette réponse met Suzanna mal à l'aise et la rend triste aussi. Mais jusqu'où s'insinuera ce foutu cancer ? C'est affreux. Elle voit bien que Madame Simmoneau n'a plus la même joie qu'au début, et se laisse complètement vampirisée par la maladie. Elle s'est de surcroît casé un doigt à deux reprises

en tombant et à cause de ses chutes répétitives elle part en maison de repos la semaine prochaine. Ça doit être horrible de se voir ainsi diminuer et en plus, plus ou moins aussi dans la solitude. Madame Simmoneau à un fils unique qui vit dans le nord de la France et qu'elle voit donc rarement. Suzanna est allée la voir à la maison de repos. Elle l'a trouvée affaiblie, surtout moralement car il semblerait qu'elle ne puisse pas réintégrer sa maison pour un long moment. Elle n'est plus capable de rester seule. Elle est consciente de cela et son moral est en chute libre. Suzanna à énormément de peine car elle sait que le moral est la base de toute lutte pour la guérison.
Elle qui avait connue Madame Simmoneau au caractère si jovial. A présent elle n'ose même plus prendre de ses nouvelles de peur qu'on lui annonce le pire.

 Le pire est arrivé en ce début du mois de mars et même si elle s'y attendait, Suzanna en est très attristée et ne peut retenir ses larmes. Elle aimait beaucoup Madame Simmoneau pour sa gentillesse exquise.

XXIII.   Quelques mois Chez Marie-Claude

Cette dame de 67 ans est toute petite, toute chétive toute déformée et fragilisée par la maladie chronique et récurrente. Au moindre mouvement elle souffre le martyre mais ne perd jamais son sourire. Heureusement son visage est très expressif car lorsqu'elle veut s'exprimer ses paroles sont inaudibles, hachurées, de faible intensité, comme si elle peinait à chaque son qui sort de sa gorge. Marie-Claude est une personne au grand cœur, généreuse qui hélas n'a pas eu de chance dans sa vie : un mari qui l'a laissé pour compte avec sa maladie chronique, un fils parti très loin qu'elle ne voit quasiment pas et un autre fils, plus près d'elle celui-là mais qui prend des substances. Suzanna l'écoute avec patiente et se montre compréhensive. Après quelques semaines elles se prennent d'amitié et finissent par se tutoyer ce qui est très rare dans son travail. Lorsque Suzanna s'en va, Marie-Claude tient absolument à l'accompagner en bas de sa tour, elle réside en effet au 9ème étage et sait que Suzanna a une grande phobie des ascenseurs. Puis elles se serrent très fort dans leurs bras durant plusieurs minutes. Suzanna a peine à laisser cette pauvre femme retourner à sa solitude. Lorsque Suzanna finit son contrat chez elle, c'est le drame pour Marie-Claude : elle refuse catégoriquement toute aide, ne veux pas se faire accompagner – au minimum- pour ses courses. Cela exaspère vraiment Suzanna qui ne cesse de lui répéter qu'elle a besoin de se faire assister. Elle ne veut rien entendre. Elle dit, je cite :

« c'est toi, et personne d'autre ! » Fort heureusement, c'est un réconfort de savoir qu'il y a dans son immeuble, une voisine, bienveillante à son égard, qui emmène souvent un petit plat qu'elle partage avec Marie-Claude. Suzanna passera ensuite lui rendre visite dès qu'elle le peut et surtout lui envoie une carte postale régulièrement des endroits qu'elle visite. Il faut dire que Marie-Claude n'a pas de mail, pas internet. Elle fonctionne à l'ancienne, et au téléphone c'est une conversation incompréhensible, hélas. Elle collectionne les cartes de Suzanna dans son salon où elle a créé une sorte de petit sanctuaire à caractère religieux car elle est très pieuse et cela la rend heureuse.

Un jour de juin, sa voisine prévient Suzanna que Marie Claude est tombée, seule, dans son appartement. On ne l'a trouvée que quatre ou cinq jours plus tard, à terre, déshydratée, dans un état d'affaiblissement catastrophique. Transportée à l'hôpital elle décèdera le même jour. Peu de gens l'accompagnent vers sa dernière demeure, son fils cadet n'est pas présent. Quelqu'un l'a-t-il prévenu ?

Cette amitié restera à jamais gravé dans le cœur de Suzanna.

XXIV.   Petits Plats chez Monsieur Claude

Suzanna sera brève sur Monsieur Claude, mais elle tient absolument à écrire sur lui ces quelques lignes afin de lui rendre hommage pour son courage et son immense dévouement qu'il a eu pour sa femme durant huit longues années éprouvantes. En effet, sa femme Joyce a été victime d'une erreur médicale, et s'est retrouvée privée de ses facultés mentales et physiques, à un âge relativement jeune, à devoir finir le reste de sa vie dans son lit. Monsieur Claude lui voue un amour incroyable et refuse qu'elle reste définitivement à l'hôpital loin de lui. Elle ne parle plus, hurle la nuit, certainement en proie à des souffrances terribles, peut-être à des cauchemars, qui sait ? Il s'occupe de Joyce 365 jours sur 365 jours, ne sort qu'occasionnellement pour faire quelques courses rapides, pour ne pas la laisser seule. Il fait vraiment abnégation de sa personne. Certainement un calvaire pour tous les deux. Le travail de

Suzanna consiste à préparer des plats mixés pour sa femme. C'est une mission assez délicate car Joyce doit manger des produits frais, variés, calibrés au milligramme près et Monsieur Claude est intransigeant là-dessus et de surcroît d'une maniaquerie excessive presque maladive. Il donne « là becquée » à sa femme cuillère après cuillère tous les matins, tous les soirs, sans jamais se plaindre, en lui parlant avec amour, avec des gestes tendres et précis, qui traduisent la grande patience dont il fait preuve envers elle. Suzanna en est le témoin, et trouve cela exemplaire.

Respect Monsieur Claude !
Ça c'est de l'amour inconditionnel et pur, tellement rare de nos jours. C'est beau.

XXV.   Cinq ans chez Monsieur et Madame De La Gaspillerie

Monsieur et Madame De la Gaspillerie ont un petit côté Bourgeois, habitent une immense maison, avec un immense jardin en plein centre-ville, cachée par d'immenses arbres séculaires. A chaque nouvelle prestation, pendant plusieurs semaines, Suzanna découvre une nouvelle pièce, en poussant une porte cachée : ce jour-là, elle découvre un appartement privé, sous les combles avec deux chambres et une autre grande salle qui ressemble à un grand salon de coiffure avec le casque séchoir sur pied, de grands et innombrables miroirs sur les murs tous dotés de luminaires flamboyants et tous allumés évidemment, avec, un peu plus loin, un spa d'intérieur. C'est magnifique, mais cela répugne quand même Suzanna car tout cela ne sert pas à grand-chose et encore moins aujourd'hui ! Monsieur et Madame De La Gaspillerie n'ont pas appris à étreindre les lumières et ils laissent constamment toutes les pièces allumées, chacune dotée de lustres, de lampadaires dignes d'un château de Versailles, à longueur de journée ! Je ne vous dis pas combien il y a de salles dans cette maison : je n'ai pas réussi à les compter ! Idem pour les postes de télévisions présents dans presque toutes les pièces : c'est inimaginable ! Ils ont des moyens en corrélation avec leur environnement personnel mais sont fort heureusement d'une extrême gentillesse ; visiblement, Suzanna sait que la plupart du temps, les gens repus et nantis ne sont pas forcément les plus aimables ; comme je la connais parfaitement, je peux affirmer qu'elle ne serait pas restée travailler dans un tel endroit si cela avait été le cas, car elle déteste l'opulence accompagnée d'orgueil. Elle trouve cela malsain. Augustin et Héloïse sont en l'occurrence très modestes malgré tout, très humbles, et, tout à leur honneur, très généreux avec leurs employés. Ils proposent toujours à Suzanna de se servir du jus de fruit autant qu'elle le souhaite. Ils aiment à discuter mais n'ont guère beaucoup d'occupations hormis le rituel des courses, tous les mardis. Ils reviennent ce jour-là, avec des tas de provisions achetées en double, voire, triple exemplaires : il semblerait que Monsieur soit sujet à des achats compulsifs. Les placards alimentaires regorgent déjà de plusieurs échantillons identiques, une catastrophe d'un point de vue écologique : Suzanna a un jour compté les tablettes de chocolats et en a trouvé pas moins de 150 ! Oui, 150 tablettes planquées ici et là, dans les chambres, dans l'arrière-cuisine, sans compter celles non répertoriées ; sans doute ne savent-ils même plus ce qu'ils possèdent déjà. Même chose pour les denrées périssables. Suzanna essaye de gérer le stock au mieux, mais hélas doit jeter des tas de choses périmées, ce qui la révolte profondément. Quel gâchis ! Suzanna s'apercevra au fil du temps que la situation est identique pour tous les objets : des quantités pharamineuses de produits de toilette, de nettoyage, d'objets pour le bureau, des cahiers, des agrafeuses, de piles, de lampes de poche, bref, la maison semble crouler sous des tas de choses entassées et qui, malheureusement ne seront jamais toutes utilisées de leur vivant, c'est évident. Ces achats intempestifs hebdomadaires semblent combler un manque évident de relations et aussi leur produire une jouissance de pouvoir utiliser leur argent comme ils l'entendent car a priori ils n'ont plus vraiment de but, prisonniers dans leur cage dorée... Héloïse a avoué à Suzanna s'être détachée de toute activité récréative, style gym, yoga, car son mari ne supportait plus de rester seul. Elle s'est sacrifiée et de ce fait n'a plus de lien social alors que c'est une femme charmante, intéressante, et d'une grande classe. Suzanna découvrira avec le temps que Héloïse est une femme si douce, si gentille et altruiste même. Généreuse aussi, car elle achète souvent un petit goûter à partager avec Suzanna, accompagné d'un bon café, et tout cela servi avec de beaux couverts en argent s'il vous plait ! Lorsque plus tard, Suzanna l'accompagnera faire ses courses (sans Augustin) elle lui achètera systématiquement une tablette de chocolat de marque, en guise de reconnaissance. Suzanna a compris que cette mamie a besoin de contact, a besoin de voir autre chose, que son mari, qui ne supporte plus qu'elle s'éloigne de lui, l'étouffe petit à petit. Elle l'emmènera un jour, hors prestation, au marché un samedi matin : Mamie Héloïse revit, c'est un véritable plaisir pour toutes les deux. Le retour est moins drôle car Monsieur Augustin n'a pas supporté de rester seul et il leur fait à toutes les deux une scène de jalousie sans pareille. Monsieur De La Gaspillerie a déjà quelques troubles mentaux qui s'amplifient avec le temps et Héloïse s'en rend compte, ce qui la mine beaucoup de le voir diminuer ainsi. Leur fils vit à plusieurs centaines de kilomètres ne ne vient guère très souvent. Lorsqu'il passe, souvent très rapidement, ils ramènent à ses parents des tas de denrées périssables, en quantités phénoménales, et qui seront bien sûr mise à là poubelle très prochainement ! le fils compense sans doute ainsi pour pallier son absence. Ils ont aussi un seul petit fils qu'ils ne voient quasiment que pour le 1er de l'an pour venir chercher son joli chèque d'étrennes, selon les dire de Madame. La situation va se dégrader très vite, car il est certain que la présence de Suzanna est la seule relation humaine qu'ils aient aujourd'hui. Elle a pourtant fait augmenter ses heures hebdomadaires mais il faudrait en fait quelqu'un a plein temps pour s'occuper d'eux. Bientôt ils ne seront plus en mesure d'assumer leur repas correctement s'ils restent seuls ; Monsieur devient quelque peu violent, il s'isole, arrose son jardin tout au long de la journée même par temps de pluie : ses occupations sont une suite d'actions incohérentes au grand dam de sa femme qui reste impuissante. On lui enlève ses clefs de voiture car il devient un vrai danger public et se perd. Et là, c'est le début de la fin. Une équipe d'infirmières est mise en place. Madame commence aussi à bien diminuer et devient plus sauvage. Ils seront bientôt mis sous tutelle, puis contre leur grès bien sûr, placés en maison de retraite près de chez leur fils.

 Cette grande solitude aura accéléré le processus car lorsqu'elle commence chez eux quatre ans auparavant, ils ont des conversations plutôt intellectuelles, s'intéressent au monde, à la politique. Ils étaient tous deux dans l'enseignement secondaire.

Suzanna a la certitude qu'elle ne les reverra jamais. Effectivement, elle n'aura jamais de nouvelles par leur fils qu'elle avait pourtant croisé quelques fois. Même leur

Docteur de famille qu'elle revoit plusieurs fois ensuite chez d'autres patients, ne dit n'avoir aucune nouvelle. Le fils est bien trop imbu de sa personne pour se préoccuper de diffuser des nouvelles à des gens qui se sont pourtant décarcassés pour leurs parents, sachant qu'il était loin. Il est dans le médical : pas le temps, sans doute. Dieu le lui rendra... Suzanna tourne la tête vers la maison à chaque fois qu'elle passe devant : tout est statique, figé, sans vie, volés fermés. La végétation règne en Maître des lieux. Suzanna imagine l'état intérieur aussi : tout doit être en train de pourrir, de se dégrader tranquillement alors que c'était une habitation en parfait état, confortable, avec du beau meuble, la chaudière avait même été changée six mois plus tôt pour la modique somme de 14 000 € ! Leur propriété se trouve dans une zone très commerciale aujourd'hui, elle sera sans doute confiée à des promoteurs qui raseront la parcelle avec tout ce qu'il y a dessus et dedans, sans états d'âme, pour construire des bâtiments à haute rentabilité... Héloïse avait depuis longtemps confié ses états d'âme à Suzanna, le cœur serré, très réaliste.à ce propos . Le labeur de toute une vie, ne leur appartient plus. Ainsi est fait le monde !

L'argent fait le malheur du monde et par voie de conséquence, des gens ; Il devient le Maître du monde et en fait oublier tout sentiment, souvent au cœur des familles.

XXVI.   Cinq années de bons et loyaux services chez
Papy "Jo"

De son prénom, Joseph, sa présentation sur son téléphone portable est : " Mister Jo n'est pas disponible. " Papy Jo est tout petit physiquement mais un Grand Monsieur par sa présence, son attention, sa gentillesse, sa politesse, aux yeux de Suzanna. Chaque fois qu'elle arrive chez lui il lui tend systématiquement une main chaleureuse en prenant soin de lui demander si elle va bien. Ce geste évoque déjà une notion de respect. Il a une tête bien ronde targuée d'un sourire omniprésent. On sent qu'il est content de pouvoir échanger quelques peu avec quelqu'un, au moins une fois par semaine. Il la laisse œuvrer tranquillement, il lui fait totalement confiance ; il vient l'interrompre de temps en temps pour parler quelques minutes de ce qui l'a lu dans le journal et ne manque jamais d'interroger Suzanna sur ce qu'elle en pense ; Papy Jo est un Monsieur très lucide, ouvert d'esprit, très volontaire pour combattre la vieillesse inéluctable. En effet, à 86 ans, il part encore seul en voiture pour faire sa cure à plus de 400 km ! Suzanna se rappellera longtemps cette petite boîte de Madeleines qu'il lui avait ramenée à son retour la première fois. Son appartement est toujours "Nickel-Chrome, " comme disent les jeunes, Suzanna ne fait que le lustrer avec plaisir. La cuisine est impeccable, pas une miette, on dirait que Monsieur Jo ne mange jamais ! Papy Jo a cependant un petit défaut : il est très procédurier et, comme il veut garder son autonomie administrative, malgré la numérisation, les documents dématérialisés que l'on nous impose, il résiste et ne jure que par le papier. Aussi, lorsque Monsieur Jo se retrouve soudain hospitalisé, Suzanna devra se « batailler » administrativement avec sa fille, qu'elle n'a jamais vu, pour démêler ce sac de noeuds, bien ficelé, vous dirais-je ! Évidemment Suzanna était loin de se douter que c'était belle et bien la dernière fois qu'elle voyait Monsieur Jo, à qui elle avait dit comme à l'accoutumée en partant « à la semaine prochaine Monsieur Jo » et ce dernier de répondre, comme dans un élan de réalisme : « oui, si je suis toujours là ! ». Elle ne le reverra pas. Sa fille, avec qui elle n'a de contact que par téléphone et sms, cependant très coopérante pour les papiers, ne démontre aucun signe d'empathie et reste sourde aux demandes de Suzanna sur l'état de santé de son père. Quelques semaines plus tard, l'administratif étant réglé, Suzanna n'aura plus jamais de nouvelles, n'osant plus en demander non plus. Elle a du mal à cerner ces enfants qui ne comprennent pas que même « une simple aide-ménagère » peut aussi se prendre d'affection pour une personne - âgée - pour qui elle travaille, qui plus est, pendant cinq ans ! Cela la rend triste. Mais elle ne l'oublie pas ce petit Papy attachant. Est-il toujours de ce monde ? S'est-il tiré d'affaires ? La question restera sans réponse. Il en est ainsi.

Madame Germaine est une dame de 92 ans, grande, droite, aux idées très claires pour son âge et au caractère bien trempé. Son allure de veille dame lui confère un air que l'on pourrait qualifier d'austère, une deuxième Tatie Danielle en quelque sorte. Elle n'accepte pas de vieillir, de se sentir inutile et déteste pour cause, qu'on lui vienne en aide. Elle veut tout faire par elle- même tant qu'elle le peut, ce qui est, du reste, très honorable. Aussi, veut-elle juste qu'on l'assiste lorsqu'elle enfile ses vêtements seule, un bras, puis l'autre, à son rythme ; elle a pourtant l'air de faire mal à l'aise mais peu lui importe, elle veut y arriver seule coûte que coûte. Suzanna trouve cela exemplaire et cela lui rappelle sa mère qui était dotée d'un caractère similaire. Le point faible est que, si elle n'y arrive pas, elle se met à râler sur tout ce qui est autour, ce qui n'est guère très agréable pour les personnes qui viennent l'aider et qui font tout leur possible pour elle. C'est comme si elle n'avait pas conscience de leur dévouement.

Lorsque ce matin Suzanna demande comme à l'habitude à Madame Germaine : « vous allez bien aujourd'hui ? », elle comprend tout de suite que le moral est en chute libre, voire qu'elle est proche du syndrome du glissement.

 Je cite : « je suis fatiguée Suzanna, je suis très fatiguée. Ma fille est passée hier et ne m'a dit que des horreurs, elle me reproche des choses que j'ai faites il y a 60 ans ! Ça ne sert à rien, sauf à me faire du mal. Et comme je lui ai répondu, elle a appelé son mari qui est venu la rejoindre et qui lui aussi m'a lancé des choses abominables à la figure en la soutenant. Mais pourquoi ils font ça ? Je ne comprends pas Suzanna, Je ne pense pas mériter ça, je vous assure, je l'ai ai tant aidé quand je pouvais le faire. Aujourd'hui je suis seule, et ça je n'ai pas le droit de le dire, ils ne veulent pas l'entendre. Pourtant je ne m'embête personne moi, dès qu'elle tourne les talons après le petit-déjeuner, je ne vois plus personne. C'est pas une vie vous savez, je voudrais mourir, mais je ne peux pas. Si j'avais le courage de me tuer je le ferais. Mais pourquoi je vis si vieille moi, Bon Dieu ! Je suis à bout de force. Je me réfugie dans les livres pour m'abrutir, je ne sais plus ce que je lis. Ma vie n'a plus de sens, et je voudrai partir maintenant ». Suzanna écoute ces doléances, scotchée au sol, inerte, consternée par de tel propos emplis de désarrois. Pour apaiser un peu Madame Germaine elle dit simplement :

« Je vous comprends, c'est pas facile la vie. Vous avez essayé d'en parler à votre fille seule à seule ?

Ce à quoi elle répond dans une grande tristesse : « c'est pas la peine, elle me crie encore plus fort dessus dès qu'elle ouvre la bouche. Elle ne sait pas me parler sans aboyer ! » Cela lui rappelle sa Mamie préférée, Mamie Bigoudine, qui à l'époque lui avait tenu les mêmes propos sur sa fille également ; il faut se mettre à la place de tout le monde, la situation n'est pas facile pour qui que ce soit. Sa fille que j'ai vue à plusieurs reprises, est d'une gentillesse extrême, très dévouée pour sa mère qui reste très exigeante et intransigeante envers elle, surtout, mais aussi envers tout le monde d'ailleurs, car elle a l'impression qu'en venant l'aider, on lui ôte ses capacités. Aussi, veut-elle tout maitriser, tout contrôler et, tout faire encore, ce qui ne facilite pas la tâche pour les aides ménagères non plus. De plus Madame Germaine est une femme très autoritaire et très maniaque, chaque objet a une place bien précise et doit être rangé au millimètre près ! Suzanna déteste cette maniaquerie excessive à l'extrême, surtout à cet âge-là, car il est très fréquent que Mamie Germaine râle et critique ses aides ménagères parce qu'elles ont déplacé tel ou tel objet ; même les infirmières sont des incapables à ses yeux : elles ne savent pas faire seulement un pansement correctement ! Sa fille lui dit un jour, avec raison, sur un ton ironique : « de toute façon, il n'y a que toi qui sais faire, tu fais toujours mieux que tout le monde, tu es plus forte que le Docteur ». Madame Germaine ne répond rien à cela et montre juste son indifférence sur son visage impassible et froid. En effet, Madame Germaine critique tout et tout le monde ce qui exaspère aussi Suzanna. Cependant celle-ci ne tolère pas qu'on s'en prenne à sa bienveillance, elle fait preuve de beaucoup de patience, comme sa fille, mais estime qu'il y a des limites à ne pas dépasser, comme ce jour où Mamie Germaine lui critique son travail et le compare à celui de sa collègue. Suzanna est offusquée et lui dit simplement que si cette collègue travaille mieux qu'elle, elle n'a qu'à lui faire faire plus d'heures et qu'elle lui laisse sa place. Madame Germaine ne répond rien, surprise de cette réponse. Il y a aussi ce jour où elles discutent longuement toutes les deux, où Suzanna lui explique qu'elle fait tout pour lui faire plaisir mais que rien n'est jamais bien, rien ne va jamais, et que, si rien ne l'a satisfait, alors qu'elle met tout son coeur dans son travail, elle préfère ne plus travailler pour elle. Elle lui dit qu'elle regrette car elle l'apprécie beaucoup malgré tout, ce à quoi Madame Germaine semble rester insensible. Mais Suzanna a souvent remarqué que, en disant la vérité, en étant sincère, sa parole porte ses fruits plus tard. Lorsqu'elle revient le lendemain, Madame Germaine semble avoir perdue quelques rides, gagnée une once d'amabilité et « simule » aussi un minuscule rictus qui en dit long tout comme son regard brillant. Comme pour se rattraper elle ne fait que éloges quelques peu exagérées à Suzanna, : belles chaussures, beau pull, beau collier, etcetera, etcetera... Je ris sous cape depuis mon trou. Au fond, de mon point de vue de souris, je pense que Mamie Germaine aime bien Suzanna. Au tout début de sa mission Suzanna est confrontée au caractère contradictoire de Mamie Germaine. Elle ne sait pas encore comment interpréter ses désirs et l'observe attentivement pour ne pas la contrarier. Elle s'aperçoit rapidement que Madame Germaine est bourrée de contradictions, comme pour signifier que ce sera elle qui aura toujours le dernier mot. Le tout premier jour Suzanna tente de faire un compliment sur son appartement et lui dit que la vue donnant sur le petit port est très belle. La réponse est éloquente : « oh ! Vous savez moi j'ai habité au Maroc et notre balcon donnait directement sur la mer, alors ici, ça n'a rien à voir avec la vue que j'avais là-bas ». Elle semble nostalgique de son pays d'adoption. Lorsque Sofia, l'autre aide-ménagère lui apporte des cornes de gazelles qu'elle a faite elle-même le commentaire est incroyable, je cite : « pour moi c'est le meilleur des desserts, enfin, pas celui-là en tout cas ! Il faut qu'il soit parfait et celui-là, il ne l'est pas ! ; mais c'est quand même gentil de la part de Sofia. » Suzanna ne sait pas quoi dire, mais n'en pense pas moins. Pour la consoler sa fille lui achète une Tajine de lentilles chez le traiteur croyant lui faire plaisir ; le verdict tombe encore une fois : « moi, j'en mangeais au Maroc de la Vraie Tajine, alors ça, vous pensez, ça n'a que le nom de Tajine ! ». Comme pour son anniversaire Suzanna lui offre un pot de confiture artisanale, le surlendemain, Germaine

lui dit : « vous pouvez la prendre pour vous la confiture, le pot est joli mais elle n'est pas bonne la confiture, il faut la jeter ; moi je savais la faire à l'époque, "eux" ils ne savent pas la faire ! » Sourire au goût amer de Suzanna qui n'hésite pas à reprendre son pot, un peu vexée quand même ! Idem, quelque temps plus tard quand elle lui offre quelques chocolats pour Pâques, Suzanna annonce : c'est lundi de Pâques. La vieille dame dit naturellement : « oui, je sais et je m'en fou de Pâques, j'en ai déjà du chocolat, mais c'est gentil de m'en offrir ! » Pour le petit déjeuner c'est toujours très épique : si elle n'entend rien, Madame Germaine s'inquiète : « vous ne faites pas plus de bruit qu'une souris, je ne vous entends pas. » Ou bien, suivant son humeur, si elle entend du bruit, je cite : « je ne veux pas que vous touchiez à ma théière, j'ai trop peur qu'elle se casse, vous arrivez et ça y est, tout est ébréché, vous me donnez des coups partout ». Suzanna s'efforce de la satisfaire au mieux, rien n'y fait. Si elle allume la lumière, elle s'essuie la réflexion : « Éteignez, c'est pas la peine, ça me fait mal aux yeux », si la lumière est éteinte : « allumez la lumière, j'aime y voir quelque chose quand je mange ! ».

Et toujours tout et son contraire : c'est exaspérant ! Le petit déjeuner est servi à Madame, sur un plateau, c'est le cas de le dire, le tout positionné au millimètre près, presque tiré au cordeau. Tout comme la chaise qui doit être positionné à l'identique tous les matins. Il arrive que pour x raison, qu'elle soit légèrement déplacée sans que Suzanna ne s'en soit aperçu ce qui va alors engendrer une réflexion du style « ce n'est pas vous, c'est jamais vous, mais c'est qui alors, le voisin, le Bon Dieu ? » Mamie Germaine a aussi la manie du petit mouchoir plié en quatre dans sa poche, elle s'essuie régulièrement le nez avec délicatesse, il y a le rose et le blanc. Il arrive que les deux soient au sale au même moment et là, c'est la cata, il faut "éplucher" toute la pile de mouchoirs susceptibles de lui convenir : « non, je ne veux pas celui-là, donnez-moi l'autre, celui à carreaux rouge et jaune » tout ça demandé sur un ton très agacé. Suzanna tente à maintes reprises de lui dire qu'elle doit relativiser, qu'elle se fait du mal, que ce n'est pas très grave, ce à quoi elle rétorque : « si, pour moi, c'est très grave ! » Il y a un jour l'épisode « torchons et serviettes » auquel j'assiste et où je me sens mal pour Suzanna : « ne vous occupez pas de ranger le linge, vous le mettez n'importe où, passez-moi le catalogue Lin-Vosges, je vais vous montrer que ce sont des torchons, ça n'a jamais été des serviettes, les gens ici, ils connaissent rien.» Exaspérée de cette remarque désobligeante, cette fois Suzanna ose lui répondre en arborant un petit sourire moqueur : « vous avez raison Madame Germaine, il ne faut pas mélanger les torchons et les serviettes, nous n'avons pas les mêmes valeurs. » Pas de réaction. Je file dans ma cachette, en pensant : "Bravo, Suzanna, il ne faut pas toujours te laisser faire. "Au fil du temps, Suzanna pense que Madame Germaine devient plus conciliante envers elle, qu'au fil des jours elle ne lui assène plus trop de propos désobligeants. Elles arrivent même à discuter d'art, de livres, car chez Mamie Germaine, il y a une quantité de livres impressionnante, où Suzanna se noie quelques fois, en attendant son réveil qui se fait plus tardif quelques fois. Il lui arrive de lui demander de ranger quelques livres, je cite : « Prenez Néfertiti, il faut la mettre en haut celle-là, je l'ai assez vu ! ». Petits sourire en coin. Puis arrivent les doléances : « je les ai tous lu et relus, je m'ennuie tellement que je me réfugie dans mes livres pour m'abrutir, je ne sais même plus ce que je lis, j'ai pas ma tête en place, vous savez à 94 ans ! Personne ne vient me voir, je suis de trop je le sais, ma vie est finie, je n'intéresse plus personne, j'en ai assez de vivre, si vous saviez comme j'en ai assez, comme j'en ai marre de cette vie, j'en ai assez de ce supplice. Après avoir écouté longuement avec patience Suzanna lui dit calmement : « vous savez Germaine , vous avez la chance de pouvoir encore lire à votre âge, ma mère adorait lire comme vous, hélas vers ses quatre-vingts ans elle a dû abandonner la lecture car elle n'y voyait plus. Vous devriez plutôt vous estimer heureuse, aussi d'être encore chez vous, en relative bonne santé avec votre fille qui fait tout pour que vous soyez heureuse et entourée. » Elle ne peut pas s'empêcher de répondre : « Ma fille, Ma fille, elle me met du personnel et elle s'en va à Paris. » Suzanna ne sachant trop que dire : « oui, mais vous n'êtes pas seule, vous avez du personnel, il faut bien que votre fille se repose aussi ». Réponse directe : « oui, je sais mais ce ne sont pas des personnes que j'aime. Ce n'est pas pareil, elles n'y peuvent rien je le sais, mais c'est comme ça. » Le lendemain, Mamie Germaine est toute calme, semble sereine, Suzanna s'en réjouit. Mais, elle ne s'attend pas à une telle réponse lorsqu'elle lui demande si elle va bien ce matin, : « Hélas, je suis toujours là ! »

Regardant inlassablement là photos de son mari elle ajoute, ils m'ont tous laissé et moi je n'arrive pas à
mourir ». Vous voulez avoir l'avis d'une souris ? Je me dis qu'elle est vraiment indécrottable cette Mamie, et que c'est bien triste tout de même de trop s'apitoyer sur son sort alors qu'il y a sur cette terre un nombre de personnes qui sont sans doute bien plus à plaindre. Si seulement elle était consciente de ce que fait sa fille pour elle, car elle a toute sa tête malgré son grand âge, elle a les capacités de discernement c'est certain. Rien ne la changera, le caractère est propre à chacun. Elle est en fait, blasée de tout, insatisfaite en permanence de la vie. Même un petit bonheur quotidien ne l'intéresse pas, comme quand Suzanna lui dit, croyant lui mettre du baume au
cœur : « c'est le 14 juillet aujourd'hui », la réponse est pour le moins déconcertante : « mais je m'en fou moi, du 14 juillet, que voulez-vous que ça me fasse? » même quand Suzanna tente d'égayer sa matinéee et dit : « il fait soleil ce matin, c'est agréable », réponse du tac au tac : « ça m'est égal, moi je suis dedans alors... » Germaine, éternelle insatisfaite, c'est sa signature ! Les petits commentaires positifs n'y changent rien : une mère pigeons a élu domicile sur le balcon de Germaine et y a fait son nid. Suzanna pense que cela est un joli petit divertissement mais Madame Germaine lui dit sur un ton plutôt dégoûté : « ce n'est pas une pension pour les oiseaux mon balcon, il faudra les enlever ces œufs. »
Suzanna fait la sourde oreille et après quelques semaines, deux petits oisillons voient le jour on ne sait par quel miracle. Suzanna commente : « ils sont mignons les petits, c'est une bonne mère ». Réponse éloquente : « une bonne mère, vous plaisantez ? Elle fou le camp toute la journée, elle les laisse seuls. » Rien à faire, Germaine voit toujours le verre à moitié vide. Après un week-end durant lequel sa

fille est venue la voir, Germaine aime à geindre : « je n'ai vu personne ce week-end end, ils m'ont déjà enterrée vous savez » Suzanna, feint de ne rien savoir et dit avec une once de pitié : « il ne faut pas dire ça Madame Germaine » Réponse du tac au tac « Si, et bien je le dis, Moi ! » Mieux vaut ne pas envenimer cette conversation. Elle continue alors dans la plainte « j'ai froid, j'ai toujours froid moi », alors qu'elle est emmitouflée jusqu'au cou, que le chauffage est monté à bloc, un vrai sauna d'ailleurs pour Suzanna. Cette dernière tente alors la compassion et rétorque : « je comprends, mais vous avez une tonne de couvertures sur le dos et vous avez toujours froid, ce n'est pas normal, vous devez manquer de fer. » Germaine répond alors avec amertume : « peut-être, mais je crois plutôt que je meurs doucement. » Heureusement il y a aussi ces quelques petits moments uniques et rares du matin, que Suzanna aime particulièrement quand Mamie Germaine veut se coiffer elle-même et lance sur un ton quelque peu désinvolte : « passez-moi la brosse ! ». Elle tire alors sur sa chevelure argentée, on dirait un tableau de Edgar Degas, « la femme se peignant », elle fait une moue si particulière en plaquant ses cheveux fins délicatement, Suzanna attend le moment où elle n'y arrive plus toute seule et qu'elle lui demande de la peigner. Suzanna s'exécute alors, mais ne tire pas assez apparemment de peur de lui faire mal. Germaine lui dit d'un ton presque jouissif : « tirez, tirez jusqu'au bout, vous les tirez pas assez. » on peut maintenant rebaptiser le tableau : « la Femme qui aimait se faire peigner » Il arrive aussi que Mamie Germaine essaye de se peigner seule mais n'y arrive pas bien sûr, malgré les efforts incommensurables qu'elle déploie pour passer ses mains derrière sa tête, elle dit alors sur un ton agacé : « je ne les supporte pas ces cheveux dans les yeux. Traduction : "prenez ma brosse et peignez-moi derrière.“ Je me délecte aussi depuis mon petit trou... il arrive quelques fois à Suzanna de lui préparer de la semoule en entremet , sous sa suggestion d'ailleurs Mamie Germaine a beaucoup apprécié l'idée, sauf que, après quelques essais ,la semoule était ou trop liquide, ou pas assez , trop épaisse, trop ceci, trop cela .., Suzanna a fini par suggérer à sa fille de lui acheter le dessert tout prêt Mamie Nova les fait très bien , elle ! Suzanna va bientôt se marier et elle est heureuse de l'apprendre à Germaine, c'est peut-être la seule et unique fois qu'elle a les yeux qui pétillent autant en disant : « c'est bien, vous avez raison. » Suzanna n'en revient pas, elle semble s'être quelque peu assagie dernièrement. D'ailleurs ceci est peut-être le début du déclin, Mamie Germaine tombe un soir et passe toute la nuit aux urgences. Les ambulanciers la ramènent au petit matin, elle se plaint de mauvais traitement pour une personne de son âge. Elle a attendu toute la nuit dans le couloir, sans manger, sans boire et a eu très froid. Elle perd petit à petit l'appétit, alors qu'elle n'en avait déjà pas beaucoup et doit rester alitée pour se nourrir. Tout devient compliqué et très vite elle finit en maison de retraite, chose qu'elle redoutait particulièrement. Suzanna sait que l'issue sera fatale très rapidement. Le dernier jour elle arrive à lui dérober un petit sourire, un regard intense et, lui dépose un baiser sur le front. Elle sait qu'elle ne reverra pas cette Mamie au tempérament extrême mais à qui elle confère malgré tout une grande dose d'affection. De fines larmes coulent sur ses joues.

Elle apprend peu de temps après que Germaine a « enfin » rejoint le royaume qu'elle attendait tant. Sûrement, une libération en toute conscience.

XXVIII.   La Perle des Mamie

Suzanna la surnomme « Mamie Jeune » car certes c'est une dame qui est très jeune d'esprit, très ouverte, mais surtout qui a des goûts alimentaires très particuliers pour son âge : elle adore les sushis, le carpaccio, le coca, elle aime beaucoup aller chez McDo déguster des nuggets ou des Chicken Wings, ce qui est plutôt rare, j'avoue pour une dame de 87 ans. Elle a confié son secret, toute émue , à Suzanna : « cela me rappelle le temps où j'y emmenais mes petits enfants : ils en raffolaient ! » Elle est toujours la doyenne dans cet endroit où se délectent les jeunes enfants et les adolescents le mercredi. Car c'est souvent le mercredi que Suzanna embarque Mamie Jeune, pour dans un premier temps, faire une petite balade dans le parc juste à côté, puis, après l'effort, le réconfort, dans son restaurant préféré. Autant vous dire que l'on nous déroule presque le tapis rouge, et que le personnel très attentionné est tout sourire, que du bonheur pour tous ! Il arrive quelques fois que Mamie Jeune cède a la tentation d'un Mc Fleury au M&M's. Ne croyez pas que je fasse l'apologie de ce restaurant de Fast-food, non, je décris juste un moment de bonheur et de partage car je vous laisse imaginer son sourire jusqu'aux oreilles lorsque on évoque cette petite sortie motivante pour « après la marche ». Cette dame est donc quelqu'un qui aime la vie, qui aime les bonnes choses et qui se fait plaisir tant qu'elle le peut. Sa pâtisserie préférée est le Paris-Brest et elle adore les fruits frais. C'est une des rares Mamie que Suzanna ait côtoyée, qui mange avec autant de plaisir. Côté toilette, elle est aussi très coquette dans ses tenues quotidiennes et se parfume depuis toujours chez Dior. Elle se souvient de l'avoir accompagnée aux Galerie Lafayette pour se choisir quelques produits de toilette. Il fallait voir comme les vendeuses s'occupaient d'elles, la bichonnaient avec attention. Elle leur laissait une belle note, mais quel bonheur de la voir se faire plaisir. Deux ou trois fois dans l'année Mamie Jeune aime que Suzanna lui prenne rendez-vous et la conduise chez un coiffeur très renommé. Depuis des années elle se fait coiffer par 'Christophe, elle ne veut que lui, il la bichonne aussi en la gardant un long moment et elle lui laisse toujours un bon petit pourboire. Mamie Jeune aime ensuite aller boire un thé pour finir l'après-midi avant de retrouver son logement. Suzanna apprécie particulièrement le fait que sa famille, qui est nombreuse mais éparpillée géographiquement, lui fasse totalement confiance. Ils ont compris la complicité qui s'est installée entre elles. Suzanna ne prétend en aucun cas vouloir se substituer aux membres de sa famille, mais lui apporte toute fois cette affection qui peut parfois lui faire oublier ces absences récurrentes dues aux emplois du temps surchargés des enfants et de l'éloignement. Elles se racontent mutuellement leurs petites histoires de tous les jours. Même si la solitude lui pèse souvent, cette gentille Mamie ne se plaint jamais, mais évoque le manque par des phrases délicates, sans jugement aucun. Là où beaucoup de personnes âgées font un constat souvent très négatif et accusateur, Mamie Jeune trouve des excuses valables et honnêtes. Elle est toujours positive, dans la bonne humeur et pleine de compréhension pour son entourage. Suzanna lui dit souvent qu'elle est la Perle des Mamies. Elles se prennent souvent en photos aussi. Les liens avec sa famille sont si forts, une jolie famille composée de cinq enfants, neuf petits-enfants, et seize arrière-petits-enfants. D'ailleurs à chaque nouvelle naissance Madame M, n'a jamais omis d'avertir sa gouvernante dès qu'elle l'a su. Elle souhaitait partager ce bonheur et Suzanna s'en est toujours sentie très honorée. Pour que leur Mamie puisse profiter au maximum de tous ces instants précieux les petits enfants ont programmé l'envoie mensuel d'un petit journal relatant les activités avec photos et accompagnés de petits messages personnalisés. Suzanna se souvient lorsqu'elle a reçu le tout premier numéro, c'était si émouvant, sa joie était palpable, elle en pleurait à chaudes larmes ! Et ces petits fou rires partagés, ces petits bavardages, les photos, ces petites gourmandises, les petits plats spécialement préparés pour elle avec amour, comme la tranche de foie de veau rosée, juste tournée-retournée, ou le steak haché « bleu » alors que la plupart des gens âgés l'aime cuit comme de la semelle ! Que de beaux moments intenses et, de fait, inoubliables.

Il y a aussi quelques passages moins drôles comme celui de ces quatre longs mois durant lesquels Mamie Jeune a été hospitalisée après une chute. On est en plein période restrictions Covid et il est très difficile pour Suzanna de se rendre à l'hôpital. Cette dernière sait que la famille est loin et que c'est d'autant plus impossible pour eux. Elle se débrouille donc pour aller lui rendre visite, 2 à 3 fois par semaine. Elle arrive un jour avec un bouquet : les fleurs sont interdites ! On a semble-t-il perdue toute once d'humanité ! C'est à la fin de son séjour hôspitalier que les enfants décident de rapprocher leur mère d'une de ses filles, a environ une quarantaine de kilomètres. Suzanna est un peu triste mais rassurée car ce sera sans aucun doute la bonne solution et aussi parce qu'elle sait combien Mamie Jeune redoute le placement en maison de retraite, cela franchement.

Malgré les 44 kilomètres de trajet, (aller-retour), Suzanna continuera ses prestations jusqu'à que la famille trouve une solution de proximité plus adéquate. Elle partira définitivement après sept années de prestations régulières, le cœur serré tout de même.

A présent dès qu'elle en a l'occasion, elle prend plaisir à venir partager un petit « Saint Honore », et papoter quelques peu, ou, lorsque les fréquences se font plus éloignées, elle aime lui donner et prendre quelques nouvelles par téléphone.

Cette voix, ce sourire si chaleureux de cette dame extraordinaire qu'elle n'oubliera jamais. Ainsi va la vie.

XXIX.   Denise

Je ne saurais terminer ce livre sans parler de Denise. Je la nommerai par son véritable prénom car Denise est une femme remarquable et exceptionnelle. Un lien tout aussi remarquable et exceptionnel s'est créé entre elle et Suzanna. Elle s'occupe de cette dame durant le mois d'août lorsqu'elle vient passer ses vacances dans le village où elle a grandi et fait sa carrière. En effet Denise était la Maîtresse du village. Elle adore les enfants et son visage rayonnant et souriant en témoigne. Elle est d'une élégance incroyable et rare du haut de ces 94 ans tout comme elle devait l'être lorsqu'elle exerçait son métier. On peut penser aussi qu'elle était rigoureuse et qu'elle se faisait respecter car aujourd'hui les plus jeunes lui vouent une admiration totale. Une voisine, qu'elle a certainement eu comme élève dans le temps, a trois enfants qui viennent tous les jours passer un moment chez cette dame qu'ils aiment tant. Ils sont si affectueux et attentionnés avec elle, c'est beau à voir ! Chez Denise c'est leur cour de récréation et ça la ramène sûrement des années en arrière tout en lui prolongeant sa jeunesse. Ses yeux pétillent d'amour quand ils sont là. Sa porte est constamment ouverte et c'est un ballet incessant de voisins qui viennent aussi lui dire bonjour qu'elle que soit l'heure de la journée.

 C'est aujourd'hui qu'elle fête ses 94 ans dans toute sa splendeur. Hélas ses petits voisins sont en vacances. Suzanna lui a préparé un framboisier (avec les framboises de son jardin) et elle vient avec son mari partager ce moment précieux. Suzanna lui dit en trinquant : « bravo, et qu'il y en ait encore pleins d'autres anniversaires comme celui-ci ! » Denise est très émue et, les yeux humides elle répond avec une humilité palpable, je cite : « qu'il y en est d'autres, oui, mais seulement si je peux encore dire comme aujourd'hui, "Merci, vous me gâtez," je suis heureuse... seulement si j'arrive à exprimer ce que je ressens, sinon à quoi bon rester sur cette terre ? » Denise fait sûrement allusion à son mari, tout aussi charmant, qui, hélas ne viendra plus dans son village qu'il aima tant. Il n'a pas eu autant de chance que sa femme, il a Alzheimer et a été placé en institut. Denise reprend courageusement ses esprits et d'un ton très humble déclare: « aller, trinquons ». Pendant ce court moment elle reçoit d'innombrables coup de fil, notamment celui des petits voisins absents qui lui redonnent un éclat de jeunesse.

 Denise est aimée, elle le mérite tant et le rend au centuple.

Nous voici à l'orée de la fin de ce récit. J'avais commencé par une « Denise » vous vous souvenez ? Je termine aussi avec une « Denise ». Il n'y a pas de hasard. C'est presque inespéré !

Ces deux Mamies auront marqué ma vie professionnelle : l'une ouvre *la voie enchantée* et l'autre clôture *cette Farandole Joyeuse*.

Merci à tous, Merci à tous ces personnages incroyables qui m'ont fait vivre des moments inoubliables et qui ont souvent été mes rayons de soleil dans mes journées de travail parfois compliquées.

Conclusion

Nous serions en droit de nous demander quel est le sort le plus injuste : celui de ces personnes âgées souvent seules, malades, souffrantes, invalides, isolées, abandonnées à elles-mêmes, sans autre optique qu'une fin proche ou lointaine pour certaines, *ou bien*, la souffrance de la maladie lente et insidieuse, sur des êtres bien plus jeunes sans autre objectif qu'une issue fatale ? Dans les deux cas tout être humain a indéniablement émis un jour le souhait de vivre vieux **et, ou,** en pleine forme, puis il s'est subitement laissé rattraper par la cruauté de son propre sort, sauf quelques cas d'exception, sans s'en rende compte. Car la vie est cruelle avec tout un chacun, elle ne fait pas de distinction. Nous sommes tous aux prises de son bon vouloir, une épée de Damoclès au-dessus de nos têtes : c'est une loterie. La condition humaine finale ne peut être que dirigée par la vie elle -même. La vie nous conduit inévitablement à notre mort. C'est le but ultime et nous devons l'accepter. La question est : dans qu'elles circonstances, dans quelles conditions ? Bien sûr nul ne souhaite devenir **"vieux et malade - ou mourir jeune"** *!* Qu'est le pire ? - Le jeune aspire à devenir vieux dans de bonnes conditions physiques, - le vieux n'aspire plus qu'à une sortie sans trop de dommages collatéraux et en toute discrétion regrettant presque d'être encore de ce monde alors que justement, il devrait se qualifier de chanceux par respect pour ceux partis trop tôt !

Nous ne sommes Maîtres de rien, et surtout pas de l'issue inéluctable de notre vie.

 Doit-on parler de karma pour essayer de trouver un sens ou une réponse à cette injustice effrayante ?

On dit toujours que nous sommes tous égaux devant la mort, certes, mais nous ne le sommes pas du tout sur notre fin de vie, c'est certain ! Le plus terrifiant, étant que nul ne connaît son sort.

Oui, on peut dire : "tant qu'il y a de la vie, il y a de l'espoir" Oui, chacun souhaite quitter ce monde sans atteinte à sa dignité. Et pourtant chacun de ces cas est particulier, et dans tous ces cas l'amour propre et la dignité sont inévitablement mis à rude épreuves.

*« De la vie, de l'espoir », ces mots de nos jours, ne semblent plus être que **l'ombre d'eux-mêmes,** des mots inappropriés et obsolètes face au destin inconnu et imprévisible de tout un chacun dans le commun des mortels.*
Nous nous devons cependant de rester attaché à ces deux mots quoi qu'il advienne.